サイコエデュケーションで
「知・徳・体」を
総合的に育てる

柳沼良太［著］

# 学びと生き方を統合する Society5.0の教育

図書文化

# はじめに――Ｓｏｃｉｅｔｙ５・０時代に教育はどうあるべきか

Ｓｏｃｉｅｔｙ５・０と呼ばれる「超スマート社会」が到来し、ＡＩ（人工知能）やＩｏＴ（モノのインターネット）といった科学技術の発展がもたらす、夢や映画のように便利な生活が、現実になろうとしている。同時に、こうした急激な社会・産業の変化に対応するために、働き方や生き方の転換が叫ばれ、新たな教育改革が求められている。

こうした時代に、私たちは子どもたちをどのように育てたらよいだろうか。

## 新しい時代に対応するために

Ｓｏｃｉｅｔｙ５・０のような高度情報化社会に対応するためには、「プログラミング教育の充実」や、きたるべき雇用の変化に備えて「ＰＩＳＡや新しい大学入試に対応した学力の育成」が大事だと言う人々がいる。ＥｄＴｅｃｈ（エドテック）など多様な情報ツールを用いて個別最適化した学びを保障し、答えのない問題に主体的に考え判断できる資質・能力を育てることも学校教育に期待されている。

一方で、先行きが不透明で不安な時代だからこそ、人間性をもっと豊かに育てることが大切だという意見もある。例えば、「サイバー空間でコミュニケーションする際の情報モラル」「実体験を通じた豊かな情操教育」「異質な他者と共生する対人関係能力」を重視すべきなどである。人間としてやさしく善良な資質・能力を育てたいという要望は、時代がどのように変わろうと少なくない。

少子高齢化や人生一〇〇年時代を見すえた教育を求める声もある。「生涯学習し続ける意欲」「いつまでも元気に活躍できる健康と体力」「学んだ知識や技能を実社会で汎用できる実践力」など、こうした行動や習慣を子ども時代から形成することにより、心身ともに充実した人生を送れるようになってほしいという願いも増えている。

いずれの意見にも共通するのは、変動性、不確実性、複雑性、曖昧性の高いこれからの社会において、どのような状況でも幸せに生きる力を子どもたちに身につけてほしいという大人たちの願いであろう。

**デジタルネイティブ世代の抱える問題**

また、Ｓｏｃｉｅｔｙ５・０時代の子どもたちは、サイバー空間で一生の半分を過ごすことになるともいわれている。子どもたちは幼いときから多元的な仮想現実の世界に次々と意識を合わせて、軽妙に自己を断片化し多重化することに長けているが、一方で自己を統合し確立できずに苦慮しているところがある。そうしたなかで、知育面でいえば、読解力や問題解決能力が低下し、徳育面でいえば自己肯定感や人間関係能力が低下し、体育面でいえば実体験が乏しく体力が低下していると指摘されている。こうした子どもたちの抱える教育的課題をどう克服し、これからの時代に輝く資質・能力をいかに育成できるだろうか。

**縦割り教育の統合と拡充――サイコエデュケーションの視点から**

Ｓｏｃｉｅｔｙ５・０時代の知育・徳育・体育を拡充するうえで有効な視座を与えてくれるのが、本書の副題にある「サイコエデュケーション」（六八ページ参照）である。

これまでの学校教育は、どうしても知育に偏りがちで、健やかな人格形成をめざし、知・徳・体のバランスが大切だといいながらも、知的な思考力は主要五教科で、善良な内面的資質は道徳科で、健康な身体的能力は体育科で育てればよいというぐあいに、バラバラに推進されてきたきらいがある。

しかし、縦割りに分断された教育では、もはやＳｏｃｉｅｔｙ５・０のように高度に多様化し複雑化した社会システムには対応しきれず、いずれ機能不全を起こしてしまうことは明白であろう。そこで本書では、頭脳（思考）と心情（感情）と身体（行動）を三位一体としてとらえ、知育・徳育・体育を統合した教育の構築をめざす。

第Ⅰ部では、Ｓｏｃｉｅｔｙ５・０時代を見つめ、よりよく生きる力を育てる教育の理論やその歴史的経緯を概観する。

第１章では、これからの時代はどのような状況になり、どのような教育課題があるのかをみていく。第２章では、こうした時代にどのような資質・能力が求められるのか、どのような教育をすべきかを示す。第３章では、なぜこうした教育が必要になってきたかを、諸外国の動向や学習指導要領の変遷から読み解く。

第Ⅱ部では、サイコエデュケーションの理論と方法をもとに、このような資質・能力をいかに育成するかについて実践方法を示す。

第１章では、確かな学力を育てる方法として、全体を俯瞰するメタ認知能力の育成をはじめ、人生の目的や目標の設定と達成の仕方、問題解決能力の高め方などを検討する。第２章では、豊かな人間性を育てる方法として、非認知能力や共感能力の高め方、人間関係の築き方、認知療法等の応用などを検討する。第３章では、健全な行動力の教育として、行動療法やスキルトレーニング、セルフアサーションやリラクゼーションの仕方などを取り上げる。

なお、Ｓｏｃｉｅｔｙ５・０時代の教育については、政府や文部科学省も本格的な取り組みを始めている。二〇一八年六月には大臣懇談会として「Ｓｏｃｉｅｔｙ５・０に向けた人材育成」が発表された。その直後には、文部科学省も第三期教育振興基本計画を発表し、今後の学校教育のあり方として「Ｓｏｃｉｅｔｙ５・０に向けた学校ｖｅｒ．３・０」を示している。本書の提案も、こうした公的見解を踏まえたものであることを補足しておきたい。
学校の先生方をはじめ、子どもたちの保護者のみなさま、そして教育に携わる関係者の方々に本書をお役立ていただければ幸いである。

二〇二〇年三月吉日

柳沼良太

## 教育は「学習の時代」から「学びの時代」へ

| Society3.0<br>工業社会 | Society4.0<br>情報社会 | Society5.0<br>超スマート社会 |
|---|---|---|
| 学校 ver.1.0<br>「勉強の時代」 | 学校 ver.2.0<br>「学習の時代」 | 学校 ver.3.0<br>「学びの時代」 |
| | 2017 学習指導要領改訂 → | |
| ・知識体系のカリキュラム<br>・教師主導の全員一斉授業 | ・能力重視のカリキュラム<br>・主体的・対話的で深い学び<br>(active learning) | ・個別最適化された学び<br>(adaptive learning)<br>＋<br>・主体的・対話的で深い学び<br>(active learning) |

**人間存在としての基本的な価値や人格形成**
(善く生きるとは，個人と他者，社会との関わり方……)

参考：文部科学省「Society5.0 に向けた学校 ver.3.0」をもとに作成

## Society5.0 で実現する社会

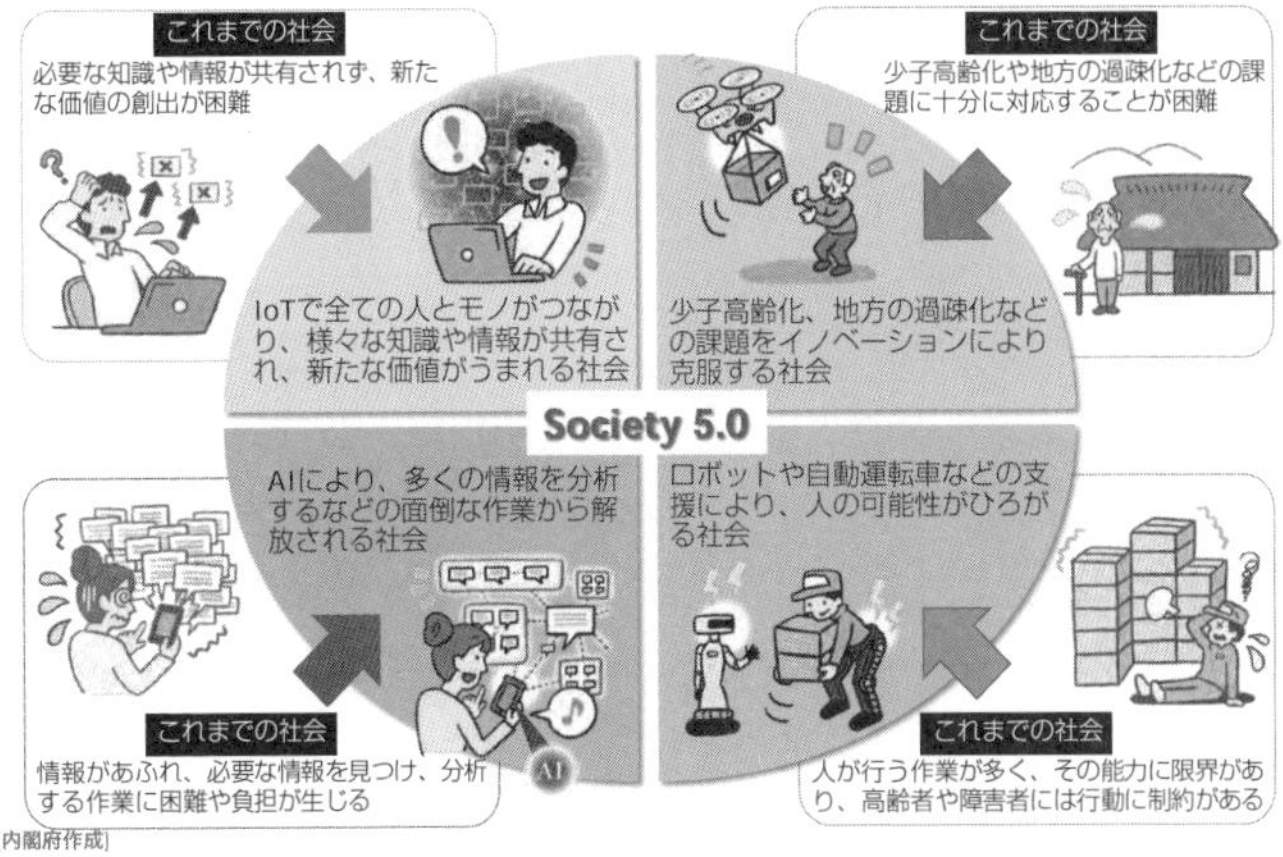

[内閣府作成]

引用：内閣府　Society 5.0「科学技術イノベーションが拓く新たな社会」説明資料
https://www8.cao.go.jp/cstp/society5_0/society5_0-1.pdf　(参照 2020-03-16)

第Ⅰ部　理論編

contents

## 第Ⅱ部　実践編

# 第Ⅰ部　理論編

# 第1章　人間として生きる実感が希薄な時代に

## 第1節　これからの子どもたちが生きるSociety5・0時代とは

まず、Society5・0時代の背景や状況を概観したい。本書執筆時（二〇二〇年）、テクノロジーの進化のサイクルは、ドックイヤー（通常七年で変化する出来事が一年で起こる）どころか、マウスイヤー（十八年で変化する出来事が一年で起こる）に突入したとされる。それを引き起こしたのが、第四次産業革命と呼ばれる産業的な構造変化である。

### 1　Society5・0とは

#### 第四次産業革命からの出発

第四次産業革命とは、AIをはじめ、IoT、ロボティクス、ビックデータなどを中心に起きた産業革命である。一八世紀〜一九世紀初頭に起きた、蒸気機関、紡績機など軽工業の機械化を中心とした第一次産業革命から、一九世紀後半には、電気・石油を動力源とする重工業を中心とした第二次産業革命、二〇世紀後半にはインターネットが出現し、ICTが急速に普及した第三次産業革命を経て、現在の第四次産業革命に到達したことになる。

二〇一〇年代の第四次産業革命に登場したAIはディープ・ラーニング（深層学習）が可能になり、IoTと結びつき、AIが自ら膨大なデータを分析して複雑な学習をするようになった。AIがルールやパターンを自動的に見つけ出せるようになったことで、AIの技術的な問題解決能力やAIが苦手とされていた画像認識の精度も著しく高まった。

第三次、第四次産業革命は近似しているが、一九八〇年代の第三次産業革命におけるコンピューターは、過去の出来事を蓄積したデータから人間がプログラムしたとおりの分析結果を示せるに過ぎなかった。当時もAIは存在したが、「この画像は犬か」といった至極単純な判断をさせるだけでも、膨大なルールや例外処理の定義を事前に入力する必要があり、当時のコンピューターの処理能力の限界もあって実用に耐えるものではなかった。

## Society5・0時代の到来

第四次産業革命によって産業構造は劇的に変化を遂げることになった。そこで、内閣府は第五期科学技術基本計画（二〇一六～二〇二〇年度）のなかで、わが国のめざすべき未来社会の姿として、Ｓｏｃｉｅｔｙ５・０を提唱したのである。

Ｓｏｃｉｅｔｙ５・０は、狩猟社会（Ｓｏｃｉｅｔｙ１・０）、農耕社会（Ｓｏｃｉｅｔｙ２・０）、工業社会（Ｓｏｃｉｅｔｙ３・０）、情報社会（Ｓｏｃｉｅｔｙ４・０）に続く新しい社会をさすもので、「サイバー空間とフィジカル空間（現実世界）とを融合させた取り組みにより、人々に豊かさをもたらす超スマート社会」である。Ｓｏｃｉｅｔｙ５・０は、生活を豊かにするだけでなく人々を幸福にするという意味合いで、後に「人間中心の超スマート社会」と呼ばれるようになっている。

## ２ Ｓｏｃｉｅｔｙ５・０で私たちの生活はどう変化するか

### ＩｏＴが生活を劇的に変化させる

Ｓｏｃｉｅｔｙ５・０では、その技術革新のスピードの速さから、社会のあり方や人間生活のあり方そのものが非連続的に発展していくと予想している。ＡＩを搭載したロボットは、日常生活でもすでに身近な存在であり、スマートフォンも便利な情報ツールとして生活の必需品となっている。このＡＩの活躍を加速させているのが、ＩｏＴ（Internet of

Things：モノのインターネット）の存在である。ＩｏＴとは、センサーをつけたあらゆるモノが、インターネットを経由して、人・物・事と通信を行う仕組みのことである。身近なものでいうと、スマートフォンやタブレット端末を使って、離れたモノを遠隔操作できたり（例：家に着く前にエアコンのスイッチを入れる）、離れた場所にあるモノの状態を確認できたり（例：スマートメーターによる見守り機能）、モノと対話できたりする（例：ＡＩアシスタントに話しかけてタスクを実行させる）のは、ＩｏＴのおかげである。

こうした生活が普及することで、身の回りにあるＩｏＴに搭載されたさまざまなセンサーから膨大なデータと活動履歴（ログ）が集められ、それがＡＩによって解析され、その結果がインターネットに接続され、さらに多くのモノやロボットを自動で作動させる。

ＩｏＴを用いて多分野で作業が自動化されることで、例えば、タクシー配車、金融、レンタル、医療、掃除等の各種サービス、シェアビジネス、クラウドワークスなど、次々とより快適で便利な生活がもたらされている。このようにして、汎用性の高いＡＩが進化し高度な域に達すると、人に代わって社会の進歩・発展を担っていくとさえ考えられている。ＡＩが人間の知性を超え、人間の生活に大きな変化を起こすとされるシンギュラリティ（Technological Singularity：技術的特異点）への到達も、現実味を帯びてきている。

## ❸Society5・0で予想される社会構造の変化

### 雇用の変化

Society5・0の輝かしい変化によって、よいことばかり起こるかのように語ってきたが、その変化に対応できなかった場合には複雑で厄介な問題も生じてくる。例えば、これまで人間が行ってきた仕事は、簡単な身体作業から複雑な知的作業まで、AIやそれを搭載したロボットが広範囲で肩代わりするようになると考えられる。すでにこれまでも、単純作業は機械化されてきたが、この傾向にはさらに拍車がかかることになるだろう。

人間が担ってきた仕事をAIやロボットが行うようになると、膨大なデータ収集や複雑な分析、正確な判断、重労働から大幅に解放される。しかし、見方を変えれば、人間が担ってきた仕事をAIやロボットに大幅に奪われ、多くの人々が新たな職を求めざるを得なくなる大量失業時代に突入するともいえる。

### 急減する仕事と急増する仕事

オックスフォード大学のフレイ&オズボーンは「未来の雇用」（二〇一三年）という論文において、「今後一〇～二〇年程度で、米国の総雇用者の約四七％の仕事が自動化されるリスクが高い」と予測し、世界に衝撃を与えた。二〇一五年、このフレイ&オズボーンと、野村総合研究所の共同研究結果として、「日本の六〇一種の仕事のうち、一〇～二〇年後には日本の労働人口の四九％が人工知能などで代替される可能性がある」と発表し、国内も騒然となった。

ただし、この試算は、既存の仕事がコンピューターによって技術的に代替できるかどうかを示したものにすぎない。二〇一九年の経済協力開発機構（ＯＥＣＤ）の推計では、代替される可能性があるのは先進国平均で労働の一割強程度で、日本では労働人口の一五・一％、約一千万人が代替される可能性があるといわれる。こうした推計は現実になりつつあるため、これから子どもたちが職業を選択するうえで重要な示唆を与えてくれるだろう。

特に、簡単な事務のような定型的な仕事は、今後ＡＩに取って代わられる可能性が高い。電話オペレーター、販売員、銀行の融資担当者、不動産ブローカー、保険の審査担当者、簿記・会計・監査の事務員のような専門職も大幅に減少する可能性が高いとされている。

一方で、急増する仕事も出てくる。ＩＴやＡＩの開発や関連ビジネスは今後も拡大していくため、緊急に人材の確保と育成が必要となる。例えば、経済産業省の「ＩＴ人材需要に関する調査」（二〇一九年）によると、ＩＴ人材の需要と供給の差（需要ギャップ）が、二〇三〇年にはおよそ四五万人になると試算している。

## ④Society5・0時代の教育とは

### 変化する雇用への対応

社会で求められる職種や仕事内容が大幅に入れかわると、人材に求められる資質・能力も大きく変わる。教育が雇用の変化に対応できなかった場合には、子どもたちの中から、将来、AIや情報テクノロジーを使いこなして豊かな生活を送る情報強者が一部現れる一方、そうした環境に対応できずに困窮した生活を送る情報弱者も大量に増えるだろう。

これからの職種は、従来のような知識理解や技能の習得だけでは対応できなくなり、新たに価値や知識を創造する能力やシステムを革新する能力などが求められる。

Society5・0時代を実現させるうえで生じる諸問題解決のために、人間もAIやロボットにはできない高度専門職の仕事を担ったり、AIには発想できない仕事を創出できるように、社会の変化に対応して進化していく必要がある。そのため学校教育では、従来の一方的な知識注入型の教育ではなく、主体的で創造的な学習への転換が求められる。

### EdTechによって変わる授業

学校で教えるべき内容や学習の目的が変化していくと、教師の指導方法や子どもたちの学習形態も大きく変化していくことになる。これまでも学校の一斉授業についていける子どもたちの割合は、小学校で七割、中学校で五割、高校で三割といわれてきた。いわゆる七五三現象が現れて久しい。

一人の教師が数十人の児童生徒を相手に同じ進度でいっせいに学習を進めるスタイルでは、一部の子どもたちは授業についていけずに落ちこぼれてしまい、逆に一部の子どもたちは授業が簡単すぎて吹きこぼれてしまうことが問題視されてきた。

もちろんこれまでも、算数・数学や英語などは、子どもたちの習熟度に合わせてクラス分けをして指導内容や指導方法を変える工夫は行われてきたが、あくまで教員間の創意工夫に任され、それ以外の各教科・領域では個別の習熟度に十分な配慮がされてきていない。

そこで、Society5・0時代の教育として提唱されているのが、アダプティブ・ラーニング（adaptive learning：個別最適化学習）である。教育情報ツールとしてAIやICT（Information and Communication Technology：情報通信技術）、ソーシャルメディアなどを活用したEdTech〔エドテック：教育（Education）と科学技術（Technology）からなる造語〕の導入により、従来の一斉授業では実現できなかった、子どもの多様なニーズに応じることが可能になると期待されている。

## アダプティブ・ラーニングの特徴

アダプティブ・ラーニングの特徴として、以下の四つがあげられる。
①子どもの学習状況や進捗状況を、ログ（学習履歴、スポーツの記録、健康状況）として蓄積できる。
②システムによる自動採点と分析によって、子どもの習熟状況や不得意分野など学習内容の理解度を確認できる。
③子どもの学力に最適化された個別学習用の教材と学習方法を自動選択し提供できる。
④個別学習用のコンテンツを、再び自動採点して分析し、学習効果を確認できる。
アダプティブ・ラーニングは、時間や場所を選ばず、個々のペースや学習レベルに合わせて行うことができ、細やかなフィードバックを受けられる点で優れている。また、アダプティブ・ラーニングでは、インターネットにつながった学習端末を一人一台利用することが想定されているため、子どもが学習システムを使うたびにデータがアップデートされ、教材やモデルをいつでも最適な状態に保つことができる。さらに、子どもたちの意欲を喚起する工夫として、教材にゲーム的要素を取り込んで、課題をクリアして報酬を受けながら楽しんで学べるゲーミフィケーション（gamification）なども続々開発されている。

いっぽう、情報機器を相手にした学習では、子ども同士の協働的・対話的な学びができないと批判されることもある。その対応としては、同じような箇所でつまずいている子ども同士を特定しマッチングして、相互学習やグループ学習をさせ、協働して問題解決する学習などもできるようになっている。

ただし、AIを活用した個別最適化教育では課題も指摘されている。ディープ・ラーニングを含む機械学習で、AIにどのような情報を学習させたかによって、AIが間違った判断を子どもに提供する場合もあるし、過去には、AIの過学習が、能力差別、人種差別、性差別につながったとされる例もある。したがって、教育内容に倫理的・道徳的な問題が絡んでくる場合はAIに任せず、教育関係者や専門家が内容を確認する必要がある。

## 学校教育はVer．3・0の時代に

問題を自ら考え主体的に判断し解決する力や、能動的な学び手（アクティブ・ラーナー）を育てる教育は、これまで一部のエリート層や専門職の人のものと考えられてきた向きがあるが、Society5・0の世の中では、国民一人一人が確実に身につけることが必須となる。個別最適化された学びのなかで、問題解決能力、豊かな人間性、健全な行動力の育成をすべての人に保障することは、公教育（学校ver．3・0）の使命である。

# 第2節 自己が多重化する子どもたち

Society5.0を前に、時代の流行や生活様式にいち早く反応し、適応していくのは子どもたちである。ここでは、生まれたときからスマートフォンやインターネットに囲まれて育っているデジタルネイティブ世代の子どもたちの意識や傾向をみていきたい。

## 1 変わる子どもたちの意識

### 子どもたちが抱える意識上の課題

近年の子どもたちの課題についてアンケート調査をすると、「主体性に乏しい」「自信がない」「キレやすい」などの性質がしばしば指摘される。こうした子どもたちの課題については、エゴグラムのような心理テストからも実証されている。

**①主体性に乏しい**——受け身的、指示待ちと言いかえられることもある。フィジカル空間で、主体的に行動し苦労して何かをやり遂げることに充実を感じるよりも、与えられた環境で指示どおりに動いたり、いつでも離脱できるサイバー空間で私的に戯れたりする

ことに満足を感じる傾向がある。

**②自信がない**――自己肯定感や自尊感情の低下と関連している。子どもたちは、サイバー空間からフィジカル空間に戻ってきたときに、自己の生き方や社会の将来に漠然とした不安を感じ、適応の仕方がわからないでいるところがある。また、非難されたり心が傷つくことを恐れ、友人に対して過敏なほど気を遣う傾向も強まっている。

**③キレやすい**――突発的に問題行動を起こす傾向のこと。周囲からみて普通の子が、問題行動（いじめ、不登校、非行、自傷行為など）をあっけなく起こしてしまう。

多重性のある性向のため、最近の子どもは理解しがたいといわれるが、サイバー空間で人格形成をしてきた子どもたちの性格特性を理解できれば、対応の手がかりがみえてくる。

## ❷サイバー空間で育つ子どもたちの特徴

### サイバー空間の増大とネット依存

今日の子どもたちは、幼少時よりスマートフォン、通信型ゲーム機器など多様なメディアを用いて、バーチャル・リアリティ（virtual reality：仮想現実）を楽しんでいるが、一方で、依存の問題が指摘されている。インターネット依存やゲーム依存の疑いのある中高生は、推計で九十三万人以上（厚生労働省、二〇一八年）といわれる。医師の樋口進氏は、「ネット依存により脳が委縮して理性をつかさどる機能が低下し、わかっていてもうまくできない状態になり、朝起きられない（遅刻・欠席）、ひきこもる、モノにあたる（壊す）、家族に暴力をふるうなどの症状が現れている」と、依存のリスクについて述べている（樋口、二〇一八）。さきの「キレやすい」という子どもの性質についても、電子メディアを長時間やりすぎることで、いわゆる「ゲーム脳」状態（脳の一部が萎縮した状態）になり、ストレス耐性や自制心が低下するために起こるのではないかという指摘もある。

**子どもたちの人間関係の変容**

サイバー空間で過ごす時間が増えてくると、子どもたちの人間関係も変化していく。サイバー空間でのトラブルで多いのは、ＳＮＳ等での悪口や強制的にメンバーを退会させられる仲間はずし（いわゆるＬＩＮＥはずし）、自分の写真や個人情報をネット上に公開されることもある。あるいは、ゲームの戦闘シーンの仮想感覚を現実世界に持ち込み、実際に残忍な行為をしてしまうなど、電子メディアが提供する仮想現実の感覚をそのまま現実生活に持ち込んでしまい、生身の人間とトラブルを起こすこともある。このように、深刻ないじめ事件に発展したりする事例が後を絶たない。

フィジカル空間でも、子どもたちが集団で協働して活動する体験は乏しくなっている。一見、一緒に遊んでいるようでも黙々と対戦型ゲームを行っている場合も多いし、近くにいる友人と直接話さず、ＳＮＳで連絡することもある。

このように、子どもたちは、サイバー空間で見知らぬ人と交友関係を広げる機会は増えてきた一方で、生身の人間同士で面と向かって話し合ったり、信頼関係を築いて問題解決したりする機会は減っている。高度情報化社会の教育を考えていくうえでは、ＩＣＴやプログラミングの技術的な指導だけでなく、多様な課題があることを見すえ、サイバー空間でどう生きるかを考える教育を拡充することが切望される。

## ❸サイバー空間で育つ子どもたちの自己像

### 多重化する子どもたちの現実

子どもたちは、多元化した現実に適応するためにサイバー空間とフィジカル空間とを行きつ戻りつしながら、時間・場所・状況や人間関係によって意識を切りかえ、自己を柔軟に変容させる。かつて筆者は、一九九〇年代から今日にいたる子どもたちのこうした特徴を、自己の多重性や解離性と関連づけ、「マルチ・キッズ」と名づけた（柳沼、二〇一〇）。

　サイバー空間で「私的な小さな物語」をバーチャルに創り出すことに自己満足した子どもたちは、あえてフィジカル空間で苦労しながら自己同一性を確立しようとはしなくなる。バーチャル世界では自己有力感に浸ることができるが、現実には自分の生活や社会を変えられないため、閉塞感や生きづらさを感じるためである。むしろ、多重化する仮想現実に合わせて、都合よく自己の意識を分断し、その都度適応する傾向を強めていく。こうして、サイバー空間では冒険して万能的な自己に満足しつつ、フィジカル空間では傷つきやすい自己を守ろうと安心・安全を優先させ、危機管理を重視するようになっていく。

**アイデンティティの断片化と拡散がもたらすもの**

　サイバー空間の中で培われる子どもの自己像は、「これこそが私だ」という実感をもてる自己同一性（アイデンティティ）を確立することができず、むしろその同一性を断片化し拡散させて、「あれもこれもすべて自分だ」と意識を分散させ、精神的に多重化した状態になっているところに特徴がある。このような自己像は、多重化する仮想現実に適応するうえでは都合がよいかもしれないが、「自分は何者なのか」「人生で何をしたらよいか」がわからなくなってしまうため、主体性が失われて無気力・無関心になることがある。また、「かけがえのない自分」への関心が薄くなると、他人に対しても関心を払わなくなるため、コミュニケーション能力や対人関係能力も乏しくなってくる。

敏感すぎるほど相手に気遣いながら、他方では異質の他者には関心を払わず、時に突発的にキレて攻撃的になることもある。また、優等生が現実世界に適応できなくなってやる気をなくし、親に反抗したり不登校になったりすることもある。こうした子どもたちの問題行動は、思考と感情と行動が統合されず、アイデンティティの混乱や拡散で苦しんでいることに原因があるととらえられる。サイバー空間で過ごす時間が増大するSociety5・0時代には、子どもたちの新たな問題行動がいっそう増えてくるものと考えられる。

## 4 いまの子どもたちの自己肯定感・自尊感情 自分は価値ある人間か

ここからは、さらにいくつかの意識調査も参考にしながら子どもたちの実像に迫りたい。

二〇一八年に内閣府が発表した「我が国と諸外国の若者の意識に関する調査」(日本、韓国、アメリカ、イギリス、ドイツ、フランス、スウェーデンの七カ国、満一三〜満二九歳の男女、各国千人を対象)によると、「私は、自分自身に満足している」という項目に対して、「そう思う」(「どちらかといえばそう思う」を含む)と回答した割合が一番高かったのはアメリカで八六・九％、日本は四五・一％と七カ国中最下位。「自分には長所があると感じている」に対して、「そう思う」（「どちらかといえばそう思う」を含む）と答えた割合も、日本は六二・三％で最下位であった。こうした国際比較のデータから、日本の若者の自己肯定感や自尊感情の低さが、これまでもたびたび指摘されてきた。

## 親や教師への尊敬と自国への誇り

同調査によると、「父を尊敬できる」「母を尊敬できる」という項目に「あてはまる」（「どちらかというとあてはまる」を含む）と答えた日本の若者の割合は、前者が六〇・一％、後者が六九・二％で最下位であった。また、「学校に通う意義」として、「先生の人柄や生き方から学ぶ」という項目に「意義があった／ある」（「どちらかといえば意義があった／ある」を含む）と答えた者の割合は、日本は五四・九％でワースト二位。また、「自国人であることに誇りをもっている」という項目に「はい」と答えた者の割合は、日本は六一・二％でワースト二位であった。さらに、「社会をよりよくするため、私は社会における問題の解決に関与したい」に対して、「そう思う」（「どちらかといえばそう思う」を含む）と答えた者の割合も、最下位は日本で四二・二％となっている。

子どもたちは自分を尊重しないだけでなく、周囲の大人（教師や保護者）に対する尊敬の念も低いことが調査で示されている。自分や周りの大人だけでなく、国に対しても誇りが低いことは、社会的・文化的な課題とも考えられる。国や地域に誇りをもてないと、そこに生きる人々のために「問題の解決に関与したい」とは思えなくなる。

**将来の夢と自国の将来**

日本財団が二〇一九年に行った「一八歳意識調査」（日本、アメリカ、イギリス、ドイツ、中国、韓国、ベトナム、インドネシア、インドの九カ国、一七〜一九歳男女、各国千人を対象）によると、「将来の夢をもっている」と答えた者は、他国はすべて八〇％以上だったのに対し日本は六〇・一％であった。「自分で国や社会を変えられると思う」と答えた日本の若者の割合は一八・三％。「自分の国の将来はよくなる」と答えた日本の若者の割合は、九・六％と極端に低かった。以上の項目すべて日本は九カ国中最下位であった。

自分にも国にも夢や希望をもてず、「これからよくなる」とも「自分たちで変えていこう」とも「変えていける」とも思わない日本の子どもたちの意識がうかがえる。

## 5 豊かな社会の生きづらさ

世界的・歴史的にみて、今日の日本は経済的に豊かで、文化水準が高く、治安もよい。子どもたちの学力は国際的にみても高く、道徳的にも品行方正なほうである。客観的にみれば、わが国の子どもたちは恵まれた生活環境を享受している。自己や他者や国をもっと肯定的にとらえていてもよいはずであるが、各種アンケート調査の結果はその真逆に出ており、子どもたちは自分や他者、国や社会さえもネガティブにとらえる傾向にある。

これらのデータを好意的にとらえ、「日本の子どもたちは謙遜しているだけ」という解釈もみられるが、日本の子どもたちが自己を肯定（尊重）することに抵抗を感じるのは、他国に比べて強いといわれる同調圧力のために、自己を低く見積もることで全員平等であろうとする意識が働くからではないだろうか。

自分の個性や自主性を他者にはみえないように封印し、自己をネガティブに評価することで批判をかわそうと自己防衛（自己偽装）を図る姿は、サイバー空間では冒険して万能的な自己に満足しつつ、フィジカル空間では、傷つきやすい自己を守ろうと、現実世界の安心・安全を優先させ、危機管理を重視する現代の子どもの姿と奇しくも重なる。

自己を肯定（尊重）できない子どもは、他者を肯定（尊重・尊敬）することもできない。自国にも誇りをもてず、人間関係や社会関係が希薄化し、孤独感が増し、幸福感も低下するという負のスパイラルが起こる。この負の連鎖を断ち切るための人間教育が急務である。

# 第3節 学校教育に求められている変化

上述のように、Society5・0時代には、予測不可能で不確実な問題が次々と現れてくる。また、そのような社会の変化に十分に追いつけないことから起こる、現実とのギャップや課題も生じてくる。

こうした問題を乗り越えるには、過去から受け継がれてきた既存の知識や技能を子どもたちに習得させるだけでは、社会で通用しなくなってくる。Society5・0に向けて、学校教育のあり方を大きく変えることが求められる。

## 1 答えがない問題にどう向き合うか

### 暗記中心の教育

Society5・0時代には、だれでも調べればわかる情報や知識を理解しているだけでは価値がなく、「答えが（一つでは）ない問題」に向き合い、課題を見いだし、いかに解決すればよいかを考え、判断できるようになることが大事になる。

従来の学校教育では、指導すべき知識内容が学習指導要領に大枠で示されており、授業では答えが一つであることを前提とした問題を提示し、子どもの出した解答が正しければ当たりと認め、「よくできたね」とほめ、正しくなければ間違いを指摘して、「直しなさい」と指示すればよかった。一問一答形式の学習は、単純明快で指導しやすいが、それだけに、ＥｄＴｅｃｈのようなコンピューターやＡＩが行うことも可能である。

## ロボットが解ける読解問題

以上のことを国語科の問題で考えてみよう。わが国の国語科における物語文の読解問題では、登場人物の気持ちを尋ねたり、正しい答えが一つだけであることを前提に、著者の考えとして正しいものを選択肢の中から選ばせたりするものが多かった。この場合、子どもは物語の内容について主体的に考え判断する必要はない。問題に正解するためには、自分の独創的なアイデアや批判的な読みは封印して、試験問題作成者の意図をくみ取り、解答すればよいことになる。原文の著者でさえ答えられない奇問・難問が出題されても、問題作成者にとって正しい答えを選べばよいことになる。

これに慣れてしまうと、子どもは自分の頭で考えることを放棄し、教科のルールに則って、答え探しゲームに専念することになる。こうした学習を続ければ、子どもの主体性や創造的・批判的・多面的な思考力などが育つどころか、徐々に衰えてしまう。

答え探しゲームのような読解問題であれば、いまはAIのほうが圧倒的に優れている。新井紀子氏が指摘するように、「東ロボ」※のようなAIは、問題文の意味などわからずとも、かなりの難題でも楽に解答できてしまうのである（新井、二〇一八）。

※「ロボットは東大に入れるか」（略称：東ロボ）は、国立情報学研究所が中心になって、二〇一一年から五年にわたり東京大学の入試に挑んだ人工知能プロジェクト。

## 答えありきの道徳授業

わが国では、徳育の分野でも、従来の国語科の授業に準じたものが多いため、いわゆる「読み取り道徳」と呼ばれている。そこでは、子どもたちに読み物教材を読ませ、場面ごとに登場人物の気持ちを尋ね、人物の考え方を共感的に理解させ、そこに組み込まれた道徳的価値を教え込もうとする。最初から答え（授業のねらいとする道徳的価値）が決まっており、登場人物の気持ちを尋ねることで、その人物の考え（価値）に同調させ、子どもたちの過去の言動を反省（懺悔）させ、将来の行動を改善（矯正）させようとする。こうした道徳授業では、子どもたちが道徳的問題に向き合い、自分ならどうするかを主体的に考え判断することができなくなる。そのため、昔ながらの「押しつけ道徳」「読み取り道徳」から「考える道徳」「議論する道徳」へと質的転換を図ることが教育課題となっている。

新しく教育課程に位置づけられた道徳科の授業では、道徳的価値を理解するだけでなく、日常生活で活用したり探究したりできるように、問題解決的な学習や体験的な学習を積極的に導入し、「読む道徳」から「考え議論する道徳」に質的転換することが求められている。

## 人間がもつ「知性」とは

答えのある問題を解くのに必要な能力は、「intelligence（知能）」である。人工知能（AI：Artificial Intelligence）の名のとおり、従来の試験問題によく出題される「答え探し・読み取りゲーム」は、ＡＩの得意分野である。教科書にある重要語句程度であれば、ＡＩは瞬時に答えを出すことができる。理系の問題だけでなく、国語科の物語文の読解問題や社会科の歴史的事実を問う問題の大学入試レベルでも、ＡＩは高得点をとることができる。

他方、答えのない問題を解くのに必要な能力は、「intellectual（知性）」である。これは、ものごとを多角的・批判的・想像的・創造的に考え判断する能力で、多様な文脈から新たな意味や価値を見いだしたり、全体を俯瞰して最適解を創り出したりする「人間ならは」の能力である。

「答えが（一つでは）ない問題」に向き合い、主体的に考え判断したり、異質な他者とも協力し合いながら解決したりする力の育成、つまり、知識内容を詰め込む教育（コンテンツ・ベース）から資質・能力の育成（コンピテンシー・ベース）に質的転換することが求められているのである。こうした柔軟で汎用性の高い知性は、ＡＩにはない人間の強みであり、価値や意味の問いにも対応できる。Ｓｏｃｉｅｔｙ５・０では、人間ならでは強みとなる知性を子どもたちに育み、人生のイニシアティブをもち続けることが望まれる。

## ❷ＰＩＳＡの学力テストからの検討

### 答えのない問題とは——ＰＩＳＡの読解問題を例に

従来の学校教育に特有の「答えのある問題」を扱う学習から脱却するにはどうすればよいか。参考になるのは、「答えのない問題」を出題するＰＩＳＡの学力テストである。

ＰＩＳＡは、ＯＥＣＤのキー・コンピテンシーのような学力を評価する国際的な学習到達度調査であるため、子どもが論理的かつ創造的に考察したり、さまざまな解決策を構想して吟味したりできるかを尋ねる問題を出す。そのため、熟慮を要する複雑な問題や今日的課題など、「答えが一つではない問題」がしばしば出題されている。

例えば、「判事はすべての罪に対して同じ罰を下しているが、それを公平だったと思うか」「オーストラリアのチョコレートの消費量と貧困層救済のための海外援助額が同じである。これについてあなたはどうするつもりですか」など多種多様である。このような問題では、答えが確定しているわけではないため、多面的・多角的に考え判断して、自分の意見を論理的に説得力のある形で主張することが大事になる。

典型的な例に、二〇〇〇年のＰＩＳＡの読解問題「落書き」がある。まず、二つの手紙が提示される。ヘルガの手紙では、学校の壁に落書きをすることは迷惑であり、社会的損失であると非難する。それに対して、ソフィアの手紙では、落書きも芸術の一種であり、それを快・不快に思うのは価値観の違いにすぎないと弁護する。この二つの手紙を読んだ後に、「あなたはこの二通の手紙のどちらに賛成しますか」「どちらの手紙がよい手紙だと思いますか」等と問われる。

こうした問題で、子どもは主体的に問題に取り組み、多面的かつ創造的に考察することで解決し、自らの意見を表明することが求められている。しかし、日本の子どもたちは、こうした問題をどう答えてよいかわからず、白紙のまま提出することが多かったという。

### コンピテンシーと人間性

このように、ＰＩＳＡの問題で求められている能力は、ＡＩのようなアルゴリズムに即した知力としての読解力ではなく、人間性や道徳性とも深く関連した知性としての読解力であり、それを実践できる能力でもある。Ｓｏｃｉｅｔｙ５・０時代に求められる資質・能力（コンピテンシー）を高めるためには、自己を見つめ内省する力、ものごとを多面的・批判的・創造的に思考する力、自己の生き方や人間としての生き方を判断する力、望ましい人間関係を形成する力、よりよい社会を協働して築き上げる力などを養う必要がある。

## ③プログラミング教育とＳＴＥＡＭ教育の功罪

### 新しい時代に対応するための教育

海外の教育先進諸国では、新しい時代に対応するためにライフスキルや二一世紀型スキルなど理論的な知識と実践的な技能（スキル）を融合的に結びつけるための教育が当然のように行われている（第Ⅰ部第3章参照）。これらをさらに進展させ、Ｓｏｃｉｅｔｙ５・０時代に適した資質・能力を育てることは、教育の喫緊の課題である（指導法は第Ⅱ部参照）。

この点については日本でも、学習指導要領の通知（二〇一七年）では、「教育基本法、学校教育法などを踏まえ、我が国のこれまでの教育実践の蓄積を活かし、豊かな創造性を備え持続可能な社会の創り手となることが期待される子供たちが急速に変化し予測不可能な未来社会において自立的に生き、社会の形成に参画するための資質・能力を一層確実に育成する」と記している。

また、第三期教育振興基本計画でも、今後の教育政策に関する基本的な方針を以下のように示している。①「夢と志を持ち、可能性に挑戦するために必要となる力を育成する」、②「社会の持続的な発展をけん引するための多様な力を育成する」、③「生涯学び、活躍できる環境を整える」、④「誰もが社会の担い手となるための学びのセーフティネットを構築する」、⑤「教育政策推進のための基盤を整備する」。

このようななかで、Ｓｏｃｉｅｔｙ５・０時代の教育として注目を浴びているのは、プログラミング教育やＳＴＥＡＭ教育であろう。ＥｄＴｅｃｈを活用した教育環境が学校に整いつつあることも、このような流れを後押ししている。以下に、Ｓｏｃｉｅｔｙ５・０を見すえて導入された、ＩＣＴに関連する教育の展開について検討してみたい。

**プログラミング教育――プログラム的思考の育成**

プログラミング教育は、もともとＩＴ産業で活躍できる人材を育成するための専門教育であったが、二〇二〇年から小学校で必修化された。これは、将来のプログラマー養成やＳＥの職能開発につながるような専門的なプログラミングの知識や技能を身につけることを目的としているわけではない（そもそもプログラミングに必要なコーディングは時代によって変化していくため、素養として覚える必要はないとされている）。

小・中学校のプログラミング教育で目標としているのは、「目的を達成するためにものごとを順序立てて考え、結論を導き出していき、それを計画的に実行する考え方（プログラミング的思考）」である。それに関連づけて論理的思考・創造性・問題解決能力を育成することになる。そのため、小学校の授業では、実際にプログラミングをするというよりも、プログラミング的思考を用いて試行錯誤する経験を積むことが重視される。例えば、身近な生活でコンピューターが活用されていることに気づかせたり、問題の解決に必要な手順を理解して論理的思考を身につけたり、各教科で育まれる思考力を基盤として基礎的なプログラミング的思考を身につけることになる。

Ｓｏｃｉｅｔｙ５・０時代に向けて鳴り物入りで導入されたプログラミング教育だが、実際には特殊な専門教育をするわけではなく、従来の「総合的な学習の時間」や各教科で取り扱ってきた論理的思考や問題解決能力等との違いが明確になっているとはいえない。

## ＳＴＥＡＭ教育――現実の問題を解決に導く力・創造する力の育成

こうした事情は、ＳＴＥＡＭ教育でも同じである。ＳＴＥＡＭとは、科学（Science）、技術（Technology）、ものづくり（Engineering）、芸術（Art）、数学（Mathematics）の五つの用語の頭文字を組み合わせた造語である。もとはアメリカで科学技術分野の競争力を高めるために推進された教育方針であった。オバマ前大統領もコンピューター・サイエンスが国の未来のために必要であると述べ、スマートフォンやゲームで遊ぶだけでなく、実際にプログラミングをしてみようと提唱することで注目され、世界各国で公教育に広まってきた。

ＳＴＥＡＭ教育では、現実の問題を解決に導く力やいままでにないものを創造する力を育成することを目的としている。文部科学省ではＳＴＥＡＭ教育を「各教科での学習を実社会での課題解決に生かしていくための教科横断的な教育」と紹介している。「Ｓｏｃｉｅｔｙ５・０に向けた人材育成」の報告（二〇一八年）では、高等学校時代に「思考の基盤となるＳＴＥＡＭ教育を、すべての生徒に学ばせる必要がある」とまで述べている。

ただし、現時点でのＳＴＥＡＭ教育は、カリキュラムが確立していない。例えば、ロボット技術を学んだり、プログラミングを行ったり、決められた部品でモーター車を作るなど多様な取り組みが個別に行われている状況であり、教員の指導力や教材に差が大きい。

## コラム　PISAの読解力問題にみる日本の子どもたちの課題

### ●読解力の低下

PISAの読解力の平均得点の国際比較における日本の順位は、二〇〇〇年は八位、二〇〇三年は一四位、二〇〇六年は一五位、二〇〇九年は八位、二〇一二年は四位、二〇一五年は八位、二〇一八年は一五位である。順位が大幅に下がった二〇〇〇〜〇六年にかけては国内で批判が巻き起こり、PISAショックと呼ばれた。ゆとり教育政策がバッシングを受け、「確かな学力」の育成が掲げられた。PISAの結果を受け課題として指摘されたのが、①読解力、記述式、知識・技能の活用が苦手、②自分への自信の欠如、将来への不安が強い、③学力の格差、学習意欲の低下である。

この課題克服のための学力向上政策が功を奏したのか、二〇〇九〜一二年はPISAの順位が上がったが、二〇一五〜一八年は、再び読解力が低下した。特に、①根拠を示しながら自分の考えを他者に伝わるように記述する能力、②テキストの中から有意義な情報を探し出す能力、③質と信憑性を評価する能力などが低い傾向にあると分析された。文部科学省では、二〇一五年に読解力の成績が八位に落ちた理由を「コンピューターテストに対する不慣れのため」と説明したが、それでは、コンピューターテストに少しは慣れたはずの二〇一八年に、一五位にまで落ち込んだことの説明がつかない。

## ●ほんとうの弱点は問題解決能力の低下

以上のように、わが国の教育課題として注目されてきたのは、「読解力の低下」であるが、より深刻で重要な課題は、実は「問題解決能力の低下」である。ＰＩＳＡの読解力問題は、著者や登場人物の主張を単に読み取らせるのではなく、それを自分はどう考え判断するか、複数の意見が対立した場合にどう解決するかを尋ねてくる。日本の子どもたちが苦手としているのは、現実的な問題を主体的・多角的・創造的に解決する資質・能力であり、それを養うことが大切なのである。

付言すると、ＰＩＳＡの二〇一八年度のテスト（オプション）では、答えがない問題の典型でもあるグローバル・コンピテンスの問題が出されたが、日本は「文化的多様性に対する価値観を一つの指標で順位付けされる懸念がある」として不参加だった。もし参加していた場合、日本の子どもたちに文化的多様性の問題を尋ねたら、あまり対応できないことが明らかになったと推察される。わが国もこうしたグローバルな多様性の問題に向き合い、その解決能力を高める指導をすべきであろう。

全国学力調査でも小・中学生の読解力や問題解決能力の低迷が指摘されてきた。そこで、二〇〇八年度の学習指導要領では、知識を活用・探究する学習が重視され、問題解決的な学習や体験的な学習が積極的に導入されることになった。二〇一九年度の学習指導要領でも、育成すべき資質・能力を明確にし、「主体的・対話的で深い学び」へと指導法を質的転換することが求められている。

# 第4節 今日的課題にどう向き合うか

Ｓｏｃｉｅｔｙ５・０時代の今日的課題は、いずれも「答えが（一つでは）ない問題」である。これらは教育が取り組むべき課題であるとともに、次世代を担う子どもたちが、いずれは自分の問題として向き合う課題である。子どもたちの資質・能力を育む一方で、持続可能な社会の実現に向けて、少しでもよい形でバトンをつなぎたい。

## ❶「答えが（一つでは）ない」今日的課題とは
### 持続可能な社会をめざすライフシフト

近年、吉野源三郎の小説『君たちはどう生きるか』（一九三七年）が漫画化され、原作も累計二六〇万部を超して大ブームとなっている。八〇年以上前の本がいまブレイクしているのは、社会が大きく変動し混迷する時代に、子どもだけでなく大人もまた「これからの時代をどう生きるか」という問題を切実に考えるようになったからであろう。

科学技術の発展に伴い、社会が豊かになり、医療技術や健康志向が進むと、長寿化がますます進み、「人生一〇〇年時代」も現実味を増している。

また、人間が担ってきた単純作業をＡＩやロボットが行うようになると、空いた時間に自己実現や生きがいのための活動もできるようになるだろう。一方で、少子高齢化したいびつな人口構造が常態化し、働き手の人口が不足するという産業構造上の問題も大きくなっている。

こうしたなかで、持続可能な社会をめざすためには、グラットン（Lynda. Gratton）が指摘するように、働き方を改革するというワーク・シフトのみならず、生き方自体を変えるというライフ・シフトも考えなければならない（グラットン、二〇一六）。

**格差の問題**

情報化が高度に進展する今日では、多大な情報やビックデータをもとにＡＩやＩｏＴを巧みに活用して豊かに生きることのできる人たちがいる一方で、情報の操作が苦手であったり、経済的な余裕がなかったりして、これらを導入できず取り残されてしまう人たちもいる。情報格差や経済格差の問題は、初歩的なプログラミング教育を小・中学校で学ぶ程度では埋められない。情報格差をいかにして是正していくかが深刻な課題になる。

同様に、ＥｄＴｅｃｈを用いたアダプティブ・ラーニングが学校に導入されていく過程で、それを有効活用できる子どもと十分活用できない子どもとの間で学力の差がいっそう広がっていくという懸念がある。つまり、個別最適化という名目で、最新の高価な機器やプログラムを活用して主体性や創造性を育む教育が少数の優秀な子どもたちに施される一方、安価な機器やプログラムを活用した簡単なドリル形式の教育が万人向けに行われることにもなりかねない。現実に、ＥｄＴｅｃｈの最新の技術では、コンピューターを相手にかなり高度な個別最適化した学習までを行うことができるようになっている。

その他、学校の地域間格差や家庭の経済格差が、子どもの教育環境の格差に影響を与え、教育の機会均等や社会的公正を崩しかねないことが懸念される。合田哲雄氏が指摘するように、「個別最適化された学びをいかに公正に提供するか」が大きな課題となる（合田、二〇一九）。

**情報モラルの問題**

情報の格差の問題と同時に、モラルの問題も生じている。

高度情報社会では大量の情報を扱う側のモラル（道徳性、人間性）も重要になる。実際、情報社会が高度化すると、それに伴うさまざまな問題も生じて、ネット・トラブルが頻出している。フェイスブック、ツイッター、ライン、インスタグラムに代表されるＳＮＳは、教師や保護者の目が届きにくいサイバー空間で多様な人々と交流するため、悪口や誹謗中傷が起きて深刻ないじめにつながったり、フェイクニュースなど虚偽の情報が拡散して炎上したりすることもある。特に、ＳＮＳや出会い系サイトのような匿名性の高いサイバー空間では、子どもたちが目に見えない他者に対する配慮や警戒心をもたずに接触し、犯罪に巻き込まれることもある。

こうしたサイバー空間での問題に対応するためには、情報社会に対応した情報モラル教育や法教育をはじめ、ネット上の買い物に関する消費者教育や安全教育なども必要となる。

**グローバル化の問題**

グローバル化に伴う価値観の多様化と対立もある。

グローバル化によって異なる人種や国籍や文化と交流することで、多様性を促進することは重要であるが、それに伴って異なる価値観の対立からさまざまな問題が生じることがある。特に教育問題としては、学校で諸外国から移住してきた子どもたちや帰国子女が日本の文化に適応できず困っている場合がある。入管法改正に基づき、外国人の子女も今後ますます増えていくだろう。

また、現在のＡＩ分野は、ＧＡＦＡ《ガーファ》（Google・Apple・Facebook・Amazon の頭文字を

取って称される）を中心とする米国と国家主導の中国が牽引している。利益を追求するGAFAと国家を優先する中国にAI研究を任せてしまってよいのかという問題もある。異質な他者と協働して相互の文化を理解し合い尊重し合うコミュニケーション教育が大事になる。

## その他の今日的課題

このほか教育に関連する今日的課題として、一八歳からの選挙権に伴う主権者教育、市民性教育（シティズンシップ教育）、障害者理解教育、ダイバーシティ教育、消費者教育、安全教育、食育などをどう指導するかが問われる。

社会に関する今日的課題としても、持続可能な開発目標（SDGs《エスディージーズ》：Sustainable Development Gools）をいかに達成させるか、バイオテクノロジーの発展を受けて生命倫理をどう考えるか、AIの自立型殺傷兵器を認めるべきかなど枚挙にいとまがない。

こうした今日的課題は、そもそも前例がないか、あっても乏しいだけに、わかりやすい一つの模範解答をすぐに出すことはできない。まさに「答えが（一つでは）ない問題」に向き合い、子どもたちが実際にどのように考え判断し行動したらよいかを協働して話し合える学びが必要になってくるのである。

# 第2章 時代を越えて輝く「人間としての強み」とは

第2章では、「Society5・0に向けた人材育成」「教育振興基本計画」「学校Ver．3・0」などに示された公式見解を踏まえつつ、Society5・0時代に求められる資質・能力とは具体的にどのようなものかを考えていく。

## 第1節 Society5・0時代をよりよく生きる「人間としての強み」

はじめに、Society5・0時代をよりよく生きるための「人間としての強み」として、筆者は「主体性」「関係性」「人間性」の三つをあげたい。

## ❶人間としての強みとは

文部科学省が新時代の学びとして示した「Ｓｏｃｉｅｔｙ５・０に向けた学校Ｖｅｒ．３・０」（二〇一八年）において、「人間としての強み」とは「現実世界を理解し状況に応じて意味付け、倫理観、板挟みや想定外と向き合う力、責任を持って遂行する力など」と説明している。不確かな時代に偶発的に生じる諸問題を主体的に考え判断することであり、多様な他者と信頼関係を築いて協働して問題解決することであり、生きるうえで大事になる人生の意味や価値を見いだして、めざすべき社会のあり方を構想できることにある。

子どもたちが人間としての強みとなる資質・能力を発揮して、便利で可能性の広がるＳｏｃｉｅｔｙ５・０を有効活用するだけでなく、未知の問題に柔軟に対応しながら、持続可能な発展に向けて、新たな知識や価値を創り出していけるようにすることが大事になる。

## ❷主体性

人間としての強みの第一は、主体的・能動的に考え判断し行動する資質・能力である。教育基本法でも、「主体性のある日本人」を育成することが学校教育の目的であると示している。ＡＩ時代を生きるうえでも、ほんとうの意味で主体性を発揮して、自分の個性や強みを生かして問題を考え判断し解決する行動力が必要になる。

人が人生の途上で多様な問題に出会うとき、「無理だ」と問題から逃げ回っていれば消極的な人生となっていく。逆に、「自分ならできる」と人生の問題に果敢に向き合い、「自分（社会）はこうありたい」と主体的に判断し行動できれば、積極的な人生となる。

子どもが前向きで肯定的に生きられるのは、自主的に考え判断し行動するときだけである。それゆえ、教師は、「君はどうしたいのか」と子どもに問いかけることが大事になる。教師の役割は、模範解答を教え、行動を指示することではなく、子ども自身が答えを探究し、創出できるように支援することである。例えば、「何が問題なのだろう」と子ども自身に問いをもたせる。すると、子どもは興味・関心をもち、主体的に状況を把握し、課題を見いだそうとする。「こうではないか」と仮説を立て、過去に学んだ知識や経験を総動員して、「これまではこうだった」と考え始める。さらに、「こうしたい」と目標を設定し、現実との間を埋めるために「どうすればいいか」「こうしよう」と考えていく。

こうして自らが設定した課題であれば、積極的に取り組み、アイデアが出てくる。多様な考えを一つに絞り込むには、「それを行ったらどうなるか」「当事者に与える影響は」と因果関係や人間関係を考えたり、「いつでも、どこでも、だれにでも通用するか」と普遍妥当性を考えたりする。こうして子どもたちは、過去を振り返り、将来の望ましいあり方を見通して、総合的に最適解を導き出すようになる。すぐに正答を見つけられなくても、主体的に考え判断し行動し、納得できる解を導き出した経験が、子どもの成長の糧となる。

このときに留意したいのは、学びをすべて子どもに任せて、自由放任にすればよいというわけではないということである。子どもの発達段階や個人差にもよるが、子どもたちはまだ人生経験が少ないため、判断材料に乏しく、問題解決に失敗してしまうことがある。それゆえ、子どもが主体的かつ能動的に問題解決に取り組むのを、教師は認め励ますとともに、必要に応じて助言や示唆を与え、その行為を勇気づけることが大切である。

## ❸関係性

人間としての強みの第二は、関係性である。

人間関係を築くには、人を共感的に理解して、信頼関係や社会関係を築く必要がある。人間は、微妙な表情や態度から相手の考えや気持ちを理解し、適切なコミュニケーションを行うことで、他者と信頼関係を築くことができる。また、他者の意見を理解して視野を広げ、広い見地から考えることができる。グローバル化が進む社会のなかで、多様な背景や価値観をもつ他者と交流しながら仕事や生活をする機会は増加していくだろう。

また、個人がどんなに主体的かつ能動的に発想しても、自分一人で考えたことは、時に視野が狭く主観的で凡庸なことがある。そんなとき、異なる他者の見地を取り入れることは有意義である。これからますます複雑で答えのない問題が現れてくるなか、より客観的で普遍的な見地から、互いに納得し合える最善解を得るためには、異質の多様な他者と協力し合ってシナジー効果を発揮して問題解決していくことが大事になる。

さらに、こうした場面では、リーダーシップを発揮して、多くの人を巻き込み引っ張っていく能力も大事になる。リーダーとメンバーが協力して新たな価値を創造し、他者を思いやり、多様性を尊重し、持続可能な社会を築いていくことが期待されている。

## ❹ 人間性

人間としての強みの第三は、行動の源泉となる意欲や態度、生き方や行動指針となる人間性を、それぞれの人が、それぞれの中にもっていることである。

「人間中心の超スマート社会」を築くために、人間としての生き方や人間としてのあり方が改めて注目されているが、どんなに豊かで便利な社会が築かれても、そこでどう生きるか、どのような社会を築くかを最終的に決めるのは人間なのである。

人間性を高めるためには、以下の三つがポイントになる。

**①自己肯定感、自尊感情、自己効力感を高める**——自分を尊重する意識があれば、他者を尊重する意識にもつながる。また、「自分ならできる」という自己効力感があれば、よりよくなろうとする意欲をもちつづけ、人間として成長し続けることができる。

**②他者や社会に貢献しようとする意識をもつ**——人間は自分の利益だけを追求するのではなく、他者や社会に広く配慮できるようになることで成長していく。豊かな人間関係を築いて、社会的弱者のために尽力することで、人間性は醸成されていく。

**③道徳観や倫理観**——道徳的・倫理的に許されないことで成功しても、無効になったり罰則を受けたりする。Ｓｏｃｉｅｔｙ５・０時代でも、効率性を重視するだけでなく、人間中心の社会のあり方を求めて道徳性や倫理性を最も重視すべきであろう。

人間として大事にすべき道徳的諸価値としては、誠実、節度・節制、不撓不屈、親切・思いやり、公正・公平、正義、謙虚など多種多様にある。そうした道徳や倫理にかかわる諸価値を習得することで、個人の学習やスポーツにおける成績も高まるとともに、人間関係や社会関係も改善・向上し、個々人や集団・社会としての幸福感も断然高まっていく。

# 第2節　「人間としての強み」を実現する一二の諸様相とは

主体性、関係性、人間性を存分に発揮し、Ｓｏｃｉｅｔｙ５・０時代に活躍できる子どもをたちを育てるには、具体的にどのような資質・能力が必要になってくるだろうか。「Ｓｏｃｉｅｔｙ５・０に向けた学校ｖｅｒ．３・０」では、子どもたちに共通して求められる資質・能力として「文章や情報を正確に読み解き対話する力、科学的に思考・吟味し活用する力、価値を見つけ生み出す感性と力、好奇心・探求力など」をあげている。以上を参考にしつつ、「人間としての強み」を実現する資質・能力として、筆者は以下に述べる一二項目を提示したい。

## ❶基礎・基本となる知識の理解力、読解力、技能の習得力

これらは、基礎・基本といわれる学力である。そもそも、基本的な語彙、読解力、計算力（数的感覚）、コンピューター・リテラシーなどがなければ、その応用問題となる複雑な人間の問題や社会的問題の状況を理解し、その解決に取り組むことは不可能である。「ゆとり教

育」と呼ばれた時期に、こうした基礎・基本の習得が疎かになったとされ、学力低下議論が生じたため、その反動として「確かな学力」が提唱されたことは記憶に新しい。

ただし、だからといって従来のように、知識・理解に偏重した「つめこみ教育」に戻るべきと主張したいわけではない。後述するように、Ｓｏｃｉｅｔｙ５・０で重視される「創造的思考力」や「問題解決能力」などを十分に育成するために、その基礎・基本となる知識の理解や基礎技能の習得は、確実に行っておくべきだと言いたいだけである。

基礎・基本となる知識の習得や単純計算なら、ＡＩやコンピューターは人間よりはるかに優れている。Googleなどの検索エンジンを使えば、子どもでもほしい情報や知識がすぐ手に入る。それでも、教科書も十分に読めない子どもたちが、高度な創造力や問題解決能力だけ高いということは原理的にありえない。学力の基礎・基本となる語彙力や計算力などを身につけ、文章や情報を正確に収集し理解する力を育成することは不可欠になる。

## ❷論理的思考力、分析的思考力

基本的な知識や技能をもとに、論理的に思考したり分析したりする力である。

**論理的思考力**――ものごとの筋道を論理的に考える力のことである。ＡＩが得意とするアルゴリズムも論理的思考の発展型である。論理的思考力があると、矛盾なく推論をして、妥当な結論を導き出すことができる。例えば、A＝B、B＝C、ゆえにA＝Cという三段論法は論理的思考の典型である。

**分析的思考力**——事実（事象やデータ）に基づきものごとの根本的原因を追求する能力である。分析的思考力があると、複雑な問題でも要素に分解して総体的・網羅的にとらえ、相互の違いを理解し、本質をとらえていくことができる。

ただし、こうした論理的思考力や分析的思考力は、実のところＡＩやＩｏＴが最も得意とする分野であり、正確性や迅速性において人間よりはるかに優れている。論理的思考力や分析的思考力は、科学的に思考し吟味する力の基礎になるし、コンピュータープログラミングの基礎ともなる。そのため人間にもこうした論理的思考力や分析的思考力は必要になるが、これからの時代に、それがあれば十分というわけではない。

## ③批判的思考力、多面的思考力

コンピューターやＡＩのようなアルゴリズムの発想から脱却し、人間としての強みを発揮するには、批判的思考力や多面的思考力を育てることが大事になる。

**批判的思考力**――単にものごとを批判する能力という意味ではなく、「なぜか」「ほんとうにそうか」を批判的に問うことで、納得いく解を見いだす能力である。批判的思考力があると、議論の前提がほんとうに正しいのかと疑問をもって、根本的に考えを深めていくことができる。全体をシステムとしてデザインする力も必要になってくる。

**多面的思考力**――一面的・部分的にものごとをみるのではなく、多面的・総合的に全体を俯瞰する能力である。社会のシステムがより複雑になり、価値観が多様化するなかでは、ものごとを総合的に見渡し、全体を俯瞰し、本質を見抜くことができる能力が大事になる。それは自己の見方・考え方が近視眼的になることを防ぎ、自分と他者との諸関係を俯瞰することであり、社会システム全体を俯瞰することでもある。

## ４ 直観力、創造力

直観力や創造力は、人間ならではのものである。左脳でコンピューターやＡＩのように論理的・分析的に細部を把握しつつ、右脳で全体を俯瞰して見渡すことができる。例えば、論理的・分析的に考えてわからない算数の図形の問題でも、補助線を引くことをひらめくと簡単に解けてしまうことがある。こうした異なる見方や考え方の発想の源泉となっているのが、直観力や創造力である。

**直観力**――論理を飛躍して本質や根本を見抜く力である。全体を見渡して、本質的なものや根本的なものを洞察することができる。

**創造力**――従来の社会にはなかった意味や価値を、自由な発想から新しく創造する力である。前例がないために立ち行かなくなった問題でも、新しい発想で仮説や解決策を創造することができるのが、人間としての強みといえる。

## 5 集中力、持続力

問題を解決したり目標を達成したりするためには、集中力をいかに持続させるかが課題となる。というのも、いくら優秀な能力があっても、集中力や持続力がないために仕事を完遂できなかったり目標を成就できなかったりするケースは意外に多いからである。逆にいえば、集中を持続できると、質・量ともに優れた成果を収められることがある。

ただし、人間は疲れてくると集中力が落ちてきて正確性が失われたり、やる気が失せて持続力がなくなったりするが、ＡＩはどれだけ続けても正確さやスピードが落ちることはない。その意味では、人間はＡＩにかなわないところがある。

## ６好奇心、革新力、探究力

好奇心をもって問題を発見し、従来の知見を革新したり新たな解決策を協働で探究したりする力は、ＡＩには代替できない人間としての強みである。

これからの時代に立ち現れる問題には、決まった解答が一つあるとは限らないが、だからこそ人は好奇心をもって問題に向き合い、斬新で革新的な答えを創り出すことが期待される。たとえ答えはなくても、問題の中に解決しうる課題を見いだして、自他の意見を自由かつ多様に提示し合い、それぞれの違いを尊重し合いながら協働して問題解決を試みる。そうしたなかで、互いに納得できるような最善の解を協働して探究する。それは、現実の世界を意味あるものとして理解し、それをもとに新しい意味や価値を生み出す力でもある。

## ７豊かな感性、芸術性

Ｓｏｃｉｅｔｙ５・０は、オンラインで教育もゲームも買い物もできる便利な社会である。しかし、それがどれほど便利で快適であっても、バーチャル・リアリティの体験にはほんもの感が損なわれている。生身の人間である以上、私たちは体と心に備わる全感覚を使って感じることができ、そのようにして得た体験こそが「ほんもの」であるといえるだろう。

**感性**――Ｓｏｃｉｅｔｙ５・０の世の中になっても、自然体験や集団活動や職場体験など、体験を通じて感性を育むことは大切である。また、一流とされる人物の話、芸術品、音楽には感動があり、人の心を揺り動かす。それらもバーチャルな体験では代替されず、直接体験によって、子どもの心身が啓発され、感性が豊かになる。そして、多様な情報や体験を通して育まれた感性によって、子どもは豊かなアイデアを思いついたり、斬新な創造力や直観を発揮したりできるようになる。また、右脳的な感性と左脳的な知性を融合させることで、ＡＩにはまねできない独創性を発揮できるようにもなる。

**芸術性**――感性が育まれることで、ものごとの本質を見抜いて絵を描くなど、芸術品を創り上げる力が養われる。多くの情報や知識を取り入れ、組みかえたり融合したりして新たな物語を創り出す創造力が現れることもある。芸術性は、子どもの興味や関心を大切にし、好奇心や探求心をもって挑戦させることで、さらに育まれていく。

## ❽ 教科・領域横断的な学際知

❶で述べた基礎・基本としての学力に対して、これは教科や領域を横断・融合する学際的で総合的な知性である。学際知は、狭い学問領域で閉鎖的・排他的に学ぶことで得られる

ものではなく、複数の学問領域を共有して互いに火花を散らすことで成り立ち、それが新しい知や価値を創出する源泉になる。

従来の学校教育の課題は、各教科・領域の壁が高く、「これは国語、これは理科、これは道徳」などと、学習内容を教科で分ける傾向（セクショナリズム）が強いため、各教科で学んだことの相互の連関性がみえにくくなっていることであった。また、高校二年生以降は履修コースが文系と理系に分かれてしまい、それも文系が約七割という偏った現状のため、文系科目と理系科目の学びを融合する利点が生かせなくなっていた。

Ｓｏｃｉｅｔｙ５・０時代には、各教科・領域を合同させたり、文理を融合させたりする学びのなかでこそ、斬新で独創的なアイデアが生じてくると考えられる。また、細分化された専門分野で前例を踏襲する学びだけでなく、多くの分野を複合する学びのなかで多様な可能性を生み出すことができるようになると考えられる。

## ❾汎用する力、やり抜く力

**汎用する力**――習得した知識や技能を、現実の生活や別場面でも活用・応用する力である。

従来の学校教育では、知識を覚えてテストで再現できることや、習得した基礎的な技能を使って発表できることが重視され、それを現実の生活や社会に活用できるかを問われることは少なかった。しかしこれからは、知識や技術を日常生活や社会に適用し、広く汎用できる力が求められる。また、学んだことを次の学習に応用したり、地域社会や家庭で活用するために応用したりする力をつけることが期待されている。

**やり抜く力**――頭の中で考えるだけでなく、目標を設定したり企画を立てたりしたことを、最後までやり抜く力である。計画や企画を見かけだけ立派に表現して満足するのではなく、実現の可能性をシミュレーションして、自分たちの力で計画や企画を行動に移せるという自信をもつことは、子どもの自己効力感を高めることにつながる。

## ⑩共感力、コミュニケーション力、協働力

**共感力**――個人心理学（アドラー心理学）を創始したアドラー（Alfred. Adler）は、「人間の問題はすべて対人関係の問題である」という。世の中の多くの困難な問題は、人間関係の問題とつながっていて、それを解決するためには他者の考えや価値観を理解することが出発点となる。そして、相手を共感的に理解したことを前提に、自分のことも理解してもらい、自他を尊重し合う関係を築くという実体験をもつことが大事になる。

**コミュニケーション力**――コミュニケーションというと「言葉」が重視されがちであるが、人間のコミュニケーションは言語によるものが二〇％、非言語によるものが八〇％であるといわれている。非言語コミュニケーションとは、例えば、まなざし、表情、しぐさ、身振り、姿勢やポーズなどによって伝え合うコミュニケーションである。人間はこのようなやりとりを通じて、相手の心を推察したり想像したりして、独特で濃密なコミュニケーションを行えるようになっている。

**協働力**――他者とコミュニケーションを図り、共感的な理解や支持を通して信頼関係を築き協働すると、問題解決能力が高まる。また、一人の力では十分な仕事ができない場合でも、プロジェクト・チームをつくり多様なメンバーと協働して取り組むことができれば、それぞれの特性や長所を生かしてシナジー効果を発揮することができる。Ｓｏｃｉｅｔｙ５・０時代には、他者と共に生きる能力がさらに求められるようになる。

## ⑪ リーダーシップ力、マネジメント力

他者と協働するためには、リーダーシップ力やマネジメント力も求められる。今後、いくらＡＩが優秀になっても、人間のグループや組織を統率するのは人間だからである。

**リーダーシップ力**――リーダーシップ力とは、次の三つを指す。第一は、グループの目標達成のためにメンバー全員を導く力である。リーダーはメンバーにグループでどのような目標を達成するかというビジョンを語る。また、それによって他者や社会にどのような貢献ができるかという志を語って影響を与える。第二は、メンバーの人間関係を良好に保てるよう調整する力である。メンバーの気持ちや要望を共感的に理解して、信頼関係を築けるよう配慮する。第三は、メンバーが自主性や創造性を存分に発揮できるように助言指導することである。こうしたリーダーシップ力があると、メンバーはこのリーダーと一緒に目標を達成したいと思うようになる。

**マネジメント力**――マネジメント力とは、組織のメンバーや組織全体を評価し、経営する力である。個々の性格特性や仕事の成果といった情報から人事評価を行うことは、すでにAIにもできるようになっているが、メンバーが自主性や創造性をもって活動できるように、組織全体の方針を明確に定められるのは人間ならではの強みである。また、評価の場面において、AIに「ガンバッテ」と言われても心は動かない。メンバーの活躍や成果を認め、励まし、勇気づける評価は人間でなければできない。心の通ったマネジメントのために、生身の人間でなければできない言葉がけや配慮が大事になる。

## ⑫ 生涯学習し続ける力

Society5・0という変化の激しい時代において、子どもたちが社会に出るころには、学校で習得した知識や技能が使いものにならなくなっているという可能性は大いに考えられる。また、そのときに必要とされている知識やスキルであっても、すぐに廃れてしまうことも考えられる。だからこそ、使いものにならなくなった過去の知識や技能に執着せず、生涯にわたって常に成長していく姿勢が、これからはより求められるようになる。

自らの知識やスキルを更新し続ける姿勢は、同時に、人間としてよりよく生きようとする力をもち続けることでもある。何歳になっても夢や志をもって向上しながら生きる意欲や態度を、個々の子どもの中に養えるようにしたい。

社会人になっても、いつでも学びの機会が得られるようにするためには、生涯学習やリカレント教育の受講の仕組みを配備することも大事である。大学、NPO、企業などが提供する教育用AI等のEdTechを有効利用して、「ユビキタス・ラーニング」（いつでもどこでも学習できること）を整備するのも一法だろう。サイコエデュケーションの見地からも、自己を再教育し更新し続けることが、これからいっそう重要になる。

# 第3節　サイコエデュケーションで知性・感情・意志をバランスよく育てる

世の中がどれほど便利に発展しようと、学校が変わろうと、人間が周りの人的・社会的環境と相互作用するなかで、徐々に学び考え成長していくことは普遍的な原則である。学びや成長のなかで、生きるうえでのさまざまな問題に向き合い、主体的に考え判断し、他者と協働して議論しながら、最適解を見いだし行動する。こうした人間ならではの思考や行動をコントロールしているのは、主体となる人間の「心・精神・魂（サイコ）」である。

本書でいうサイコエデュケーション（psychoeducation）は、人間の人格形成の基盤となる「知・徳・体」の根底を支える総合的な教育であり、子どもの知性面・感情面・意志面のすべてをバランスよく教育しようとする点で、「頭・心・体の教育」といえる。

これまでの学校教育は、カリキュラムの大部分が知育（教科教育）に偏りがちで、教科別に縦割りの学問体系が組まれ、効率よく知識を伝達していくことが目標とされていた。また知育以外の部分については、道徳科で善良な内面的資質を育て、体育科で健康な身体的能力を育てればよいというように、知育とは切り離されたところでバラバラに教育が推進されてきたきらいがある。そこで、知・徳・体の統合をめざし、サイコエデュケーションを拡充することは、教育の喫緊の課題であると考える。

## ❶なぜサイコエデュケーションか

### そもそも「サイコ」とは何か

サイコ（psycho）とは、一般には心や心理と訳されるが、本来は古代ギリシャ語のPsyche（プシュケー）を語源とし、もともとは息（呼吸）を意味している。その後、息から転じて生命を意味するようになり、やがては、霊魂、精神、心を意味するようになった。このように、サイコの原義は「息」であり、人間の内面にある「頭・心」と外面にある「身体」との中間にあって、両者をつなぐ役割を果たすものと考えられる。

そのため、サイコエデュケーションについても、心の教育や心理教育という狭い意味で訳されることが多いが、前述のような意味を踏まえれば、「頭・心（魂）・体」という広く総合的な意味で解釈する必要があることがわかる。本書では、用語の多義性による誤解を避けるため、あえて原語のカタカナ表記を用いることとする。

ここで、サイコエデュケーションの本義について、古代ギリシャ哲学と関連づけながら付言しておきたい。人に何かを教えることはあまりなかったソクラテスが、繰り返し説いていたのが、「プシュケーの世話をせよ」であった。つまりソクラテスにとって「人間としてよりよく生きる」ということは、「プシュケーに配慮して生きる」ことであった。そのためにソクラテスは、生涯を通して知と徳を探究し続け、晩年は若者のプシュケーの世話をすることに努めたのであった。その孫弟子にあたるアリストテレスは、プシュケーとは「生命の本質である自己目的機能」であると考え、そこには感覚的能力・欲求的能力・表象能力・理性能力などが備わっているとみている。

こうした全人格的なプシュケーを教育することは、古代ギリシャ時代から連綿と重視されてきている。こうした教育こそが、サイコエデュケーションの原義に近いのである。

**「心の教育」との関係**

わが国で「心の教育」が非常に注目を浴びていた時期がある。それは深刻ないじめの増加や少年犯罪の低年齢化・凶悪化が社会問題となった一九九〇年代後半に、学校や家庭における「心の教育」の充実がめざされたときである。そこでは、「生きる力」を身につけ、新しい時代を切り拓く積極的な心を育てることや、正義感・倫理観や思いやりの心など豊かな人間性を育むことがめざされた。特に、家庭のあり方を見直し、その方策として「悪いことは悪いとしつける」「思いやりのある子に育てる」「子どもの個性を大切にし、未来への夢をもたせよう」などの方針が列挙された。ここからわかるように、当初の「心の教育」は家庭の道徳教育（しつけ）に近い意味合いが強かったといえる。

また、二〇〇二年に『心のノート』が作成され、道徳の副教材として全国の小・中学校に配布された（翌年には教師用手引きも刊行）。『心のノート』は『私たちの道徳』と名称を変更し、二〇一四年度から全国の小・中学校に配布された。

こうした経緯から、心の教育は徳育に焦点が当たり、心情主義に偏った道徳授業に取り組みが還元されがちであった。

## カウンセリングとの関係

心の教育と時を同じくして、一九九五年に学校の心理相談業務を担当するスクールカウンセラーが制度化された。スクールカウンセラーには、心の専門家として、子どもたちに心の教育に関する集団指導をすることも期待されていたが、多くは心理療法で個別対応するケースが一般的であった。

一般的にカウンセリングは、悩みや問題が生じてから、その解決を個別に支援していくものであるが、サイコエデュケーションは、問題が起こる前に、予防教育や開発教育として行われる。その意味で、サイコエデュケーションは学校教育と親和性が高く、ねらいが合致すれば、道徳科や特別活動をはじめとする各教科・領域で集団指導することも可能である。

カウンセリングの大家である國分康孝は、サイコエデュケーションは「グループ対象の育てるカウンセリングのこと」であると定義している。つまり、サイコエデュケーションとは、①集団に対して、②心理学的（カウンセリング的）な考え方や行動の仕方を、③能動的に教える方法のことなのである。

## ❷ サイコエデュケーションと教育の目的・目標

ここで、サイコエデュケーションをわが国の「教育の目的」および「教育の目標」と関連づけて根本的にとらえ直してみたい。

### 教育の目的とは

教育基本法によれば、教育の目的（第一条）とは、「人格の完成を目指し、平和で民主的な国家及び社会の形成者として必要な資質を備えた心身ともに健康な国民の育成」である。そして教育の目標（第二条）とは、この教育の目的を実現するために「①幅広い知識と教養を身に付け、真理を求める態度を養い、②豊かな情操と道徳心を培うとともに、③健やかな身体を養うこと」である。

このように子どもたちの「人格の完成」をめざして、①認知的側面、②情操的側面、③身体的側面の三つの側面をバランスよく育成することがめざされ、学校では、①知育、②徳育、③体育の充実を図ろうとしている。しかし、これまでわが国の学校教育では知育を偏重する傾向にあり、徳育や体育との関係がアンバランスであった。そこで、Ｓｏｃｉｅｔｙ５・０時代を迎えた今日、サイコエデュケーションの見地から、知育と徳育と体育を総合的にバランスよく取り組む必要性があると考える。

教育の目的をひとことで言えば「人格の完成」である。ここでいう「人格」は、一般に遺伝的要素の強い内面的資質のパーソナリティ（personality）とは意味合いが異なる。むしろ、人格は、「先天的な資質」をもつとともに「後天的な能力」をも意味するため、可塑性があるという点で、本書でいうサイコ「頭・心（魂）・体」に近いところがある。つまり、「人格の（完成をめざす）教育」とは、サイコエデュケーションでもあるといえる。

**人格の完成に向けて**

では、人格はいかにして形成されるのか。

人格とは、単に先天的に備わった資質ではない。人間は、単に遺伝的な「資質」を開花させるだけでなく、外的な環境からさまざまな刺激を受けて反応しながら「能力」を獲得していく。ただし、人は外からくる刺激をそのまま受け取っているわけではなく、自分のフィルターを通して解釈し、それに対して反応をする。その人独自の反応の結果として、何らかの感情や行動が現われる。こうした「刺激—思考—反応」が繰り返され、一定の思考や感情や行動のパターンが形成されると、それらが「習慣」となってその人に定着する。こうした習慣が定着するためには、三週間以上は継続する必要があるといわれている。それが長期間にわたって継続すると、習慣が強固になって、人格（第二の天性）の一部となる。ここまでくると、人は意識しなくても、自動的に考えたり行動したりできるようになる。

このようにして無意識下で作動するようになった習慣の力にあらがうことは意外にむずかしい。そのため、よい習慣が身につけば、よい人格が形成され、結果的に幸せで充実した人生を送ることにつながるが、逆に悪い習慣を身につけてしまった場合には、人格に悪い影響を及ぼし、結果的に不幸で不満足な人生を送ることになる傾向がある。したがって、いかに意図的に習慣をつくっていくかが人生において大切になる。

このような傾向は近年のポジティブ心理学や幸福学でも着目されており、心的傾向（マインドセット）が社会的な成功や人生の幸福に大きな影響を与えることが実証されている。

## いかに習慣を形成するか

では、どうすればよりよい習慣を形成することができるのか。

そのためには、①何をやるのかという知識、②なぜやるのかという価値、③どのようにやるかという技能、④どれほどやりたいかという動機をもつ必要がある。そして、何かを習慣にするには、まず「何か」の存在を理解するところから出発する。「知らない」ままの状態では、何もすることはできないし、何かを知ろうとすることもできない。次に、何かを「知っている」状態になり、しばしば意識にのぼるようになる。第三に、頭で「知っている」状態から、実際に「できる」状態へ移行する。第四に、意識的に「できる」状態から無意識に「やっている」状態になる。無意識にやっている状態が続くと、ようやく習慣となる。

新しい習慣に初めは違和感があるかもしれないが、一定の期間中に何度も行っているうち無意識にやれるようになり、それが自然な状態になっていく。いったん習慣化すると、今度はその行為をやらないと落ち着かず、不自然な気分にさえなる。

このように、人間の思考・心情・行動がつながっていることを前提に、知育・徳育・体育などあらゆる教科・領域に関連づけて継続的に働きかけ、習慣形成から人格の完成にいたるのがサイコエデュケーションの要諦である。

# 第4節 脳科学とサイコエデュケーション

近年、ＡＩの研究とともに脳科学の研究が急速に発展し、教育にも大きな影響を及ぼしている。ここではサイコエデュケーションに脳科学を関連づけて説明したい。

## 1 脳に快の刺激を与える

脳科学の見地からすると、子どもがよりよく生きようとする意欲・関心・態度は、脳内のホルモンや脳の機能と関連している。

学ぶ意欲や肯定的な態度のある状態にあるときは、やる気を促すホルモン物質ドーパミンが分泌している。くつろいだ気持ちのときや気分が高揚しているときには、β－エンドルフィンが分泌されている。こうしたホルモンが分泌されると、脳に快感をもたらし、ストレスに対する痛みを和らげ、想像力や思考力を高める。幸せな状態にあるときは、セロトニンやオキシトシンが脳内で盛んに分泌されている。他者と比較して優越感から幸せを感じるのではなく、愛情や自由、自己実現など「それ自体」を幸せに感じるのである。

こうした脳の状態であると、ポジティブな思考となり、積極的で前向きに生きることができる。β－エンドルフィンやドーパミンが出ていると、学校の試験やスポーツの試合などで高いストレスを感じたとしても、それを危険なもの・不快なものとしてとらえるのではなく、適度に集中力を高めるもの・成長を促すものとして好意的にとらえられるようになる。試験や試合の緊張それ自体を楽しめる状態となり、高いパフォーマンスを発揮できる。

β－エンドルフィンやドーパミン、セロトニンやオキシトシンなどの脳内ホルモンは、脳の奥にある脳幹から出てくる。脳幹は、呼吸や血液循環、体温調節、反射機能など、人間が生きていくうえで基本となる生命活動を司っている。脳幹の上には本能や欲望、感情を司る大脳辺縁系がある。この二つの脳（脳幹と大脳辺縁系）を結びつけているのが、大脳辺縁系の中にある扁桃核である。この扁桃核が、楽しい・楽しくない、好き・嫌いなどの本能的な感情を発信する源となっている。

それゆえ、サイコエデュケーションによって子どもが思考や行動の仕方を変容させ、扁桃核に快の刺激を与えることができると、それに基づいて、やる気、喜び、幸福、愛などの感情が生じてくる。そうした体験をすると、その思考や行動が促進されて習慣化することで人格形成によい影響を与える。

## ❷ 外発的動機づけ――報酬（称賛・褒美）を与える

### 外発的動機づけの効果は短期的

人間は不快な状態を回避し、快の状態を求めて行動する。従来の教育では、こうした子どもの行動特性に注目して、一般には外発的動機づけをすることが多かった。教師や親は、子どもに報酬（称賛や褒美）を与えることで、子どもを「快」の状態にして、望ましい行動を繰り返させる。

こうした人間の特性は、アルゴリズムでも解明できるため、ＡＩに行動パターンを組み込んで人間らしく行動させることは簡単にできる。

また、教師や親は、罰（叱責）を与えることで、子どもを「不快」の状態にすることで、悪い行動を止めたり抑制したりする。こうした外発的動機づけは、大脳辺縁系の発達した動物を調教（訓練）する方法として有効であり、子どもの行動でも賞罰で動機づけることはできるが、短期的な効果しかない。

外発的動機づけで教育を受けてきた子どもは、教師の指示には素直に従うが、徐々に主体性を失っていき、自己肯定感を低下させ、学習が嫌いになっていく傾向にある。こうした外発的な学習は、ＡＩのほうが得意になるだろう。

## ③内発的動機づけ――行動自体に興味・関心をもつようにする

### 内発的動機づけの効果は持続的

サイコエデュケーションが注目するのは、内発的動機づけである。これは、子どもが行動自体に興味・関心をもつようにして、好奇心から主体的に問題を解決できるようにすることである。内発的動機づけでは、子ども自身が自分にワクワクするようなよいイメージを与えることで、快の状態にし、望ましい行動を持続させ、習慣化していく。脳科学でいえば、内発的動機づけで大脳新皮質の右半分の脳を活性化し、イメージ力を育成することで、扁桃核を快の状態にして、ドーパミンやβ-エンドルフィンを分泌させることになる。こうした内発的動機づけをAIはできないという点で、人間ならではの特徴になる。

一般的に、左脳は論理や計算や分析などを得意とするのに対して、右脳は直観や情感、全体的な把握やイメージすることを得意とする。この二つの脳をつなぐ脳梁を介して、相互に情報交換しながら、思考は働いている。ものごとがうまくいくと、右脳には肯定的なプラス感情が生じてきて、それ自体が快感をもたらす。

こうした内発的動機づけは、大脳新皮質が発達した人間を教育するために有効であり、子どもの行動を変容させることに持続的な効果がある。内発的動機づけで教育を受けてきた子どもは、主体性を発揮し、自己肯定感が高く、学び自体に快楽を感じて継続する傾向にある。ゆえに、サイコエデュケーションは内発的動機づけを教育の中心に位置づける。

**サイバー空間での内発的動機づけのメカニズムと功罪**

付言すると、（実際には体験しなくても）右脳である種の体験を思い浮かべるだけで、人はそれを現実に達成したときと同様の快感が得られる。これは、脳が現実とイメージを区別することができないために起こる現象である。子どもがゲームに長時間没頭してしまうのは、こうした脳内のイメージから快感（達成しようとするドーパミンや幸せを感じるセロトニン）を受け取り、現実空間と同様の内発的動機づけを受け続けるからである。

Ｓｏｃｉｅｔｙ５・０時代を生きる子どもたちは、人生の半分をサイバー空間で過ごすようになるといわれる。だとすれば、こうした内発的動機づけのメカニズムとその功罪を、教育者や保護者が理解しておく必要があるだろう。

## ❹意識と無意識——超意識（魂）に働きかける教育を

過去の経験は、本人が自意識レベルで覚えていなくても、無意識レベルにはすべて蓄積されている。人間の判断や行動の九五％以上が、無意識から強い影響を受けており、残りの五

％以下が、思考や意志のような自意識から影響を受けているといわれる。そのため、何らかの新しい問題が起こると、無意識下で過去の記憶に基づいて判断することになる。

何か新しいポジティブな目標に挑戦して「やろう」と思っても、その数万倍も強力な無意識レベルが人の思考や行動にネガティブな影響を及ぼして「止めておけ」と指示するため、せっかくのよい思考や行動も抑制され消失してしまうのである。

それでは、どうすれば自意識レベルで設定したポジティブな目標を、無意識レベルの強大でネガティブな感情や記憶に妨害されず、首尾よく達成することができるか。それは潜在意識のさらに奥にある超意識（魂）に働きかけることである。超意識（魂）とは、さきに述べた脳の扁桃核が司るものである。超意識のある扁桃核が快く感じる思考や行動を意識的に行うことで、自意識レベルの思考だけでなく、無意識レベルの感情やイメージも肯定的にして、心身全体を活性化することができる。これは超意識レベルの魂を震わせ、自意識レベルの思考と無意識レベルの感情を意図的に肯定的に切りかえることである。

以上のような脳科学を用いたサイコエデュケーションの具体的な指導法やトレーニング法は、本書の第Ⅱ部を参考にしていただきたい。

# 第3章 資質・能力観への歴史的アプローチ

よりよく生きるために、子どもたちが学校でどのような資質・能力を身につけるべきかについては、昔からさまざまな提案がなされてきた。第2章に示してきた資質・能力についても、これまでも多方面で繰り返し議論されてきており、また世界の教育先進国ではすでに積極的に推進されてきたものである。そこで、本章では、こうした資質・能力観の歴史的経緯や、世界の教育事情について概観しておきたい。

サイコエデュケーションの指導法に最も近い問題解決学習や体験学習などの先駆けとしては、二〇世紀初頭からデューイ（John. Dewey）の進歩主義教育などもあったが、戦後の顕著な動向としては、世界保健機構（ＷＨＯ）が一九四六年に提唱した「ウェルビーイング（Well-being）」が注目に値する。

## 第1節　ウェルビーイングとライフスキル教育

ウェルビーイングは、「健康とは身体的・精神的および社会的に良好な状態（Well-being）であって、単に病気ではないとか、虚弱ではないということではない」と説明されている。つまり、ウェルビーイングは、個人の権利や自己実現が保障され、身体的・精神的・社会的に良好な状態にあることを意味する概念である。

従来の社会福祉は、社会的弱者を対象とした救済的で慈恵的な政策の一環として行われていたが、それだけでは人間の尊厳や心身の健康を保障することができなかった。そこで、ウェルビーイングでは、人間が生活するうえで諸問題が発生することや深刻化することを予防し、人間として豊かな生活を実現できるように支援し、人権を保障するために多様で総合的なソーシャルサービスを提供しようとした。

ＷＨＯはこうしたウェルビーイングを達成するための指導法として、一九九四年にライフスキル教育を推奨している。ライフスキルとは、「日常生活で生じるさまざまな問題や要求に対して、建設的かつ効果的に対処するために必要な社会的能力」である。

## ❶ライフスキル教育の十項目

①**意志決定スキル**――生活のさまざまな場面において主体的に建設的な意志決定をするためのスキルである。このスキルによって、他人から見解や価値観を押しつけられることなく、自らものごとを考え判断し、主体的に意志決定を行うことができるようになる。自ら意志を決定し、その結果に責任をもつことにより、揺るぎない主体性をもてるようになる。

②**問題解決スキル**――ある問題状況を的確に把握して、建設的にその問題を解決するためのスキルである。このスキルによって、問題を分析し、その解決策にはどのような選択肢があるかを複数考え、それらを比較検討しながら最善の策を選択できるようになる。また、その最善の解決策を実行して、その有効性を検証することもできる。

③**創造的思考力**――ある問題状況でどのような原因があり、どのような解決策があるかを考え出す力であり、その解決策によってどのような結果が得られるかを考える力でもある。こうした創造的思考力によって、問題解決に必要な発想が豊かに広がっていくと、上述した意志決定スキルや問題解決スキルを高めることにも役立つ。

④**批判的思考力**――与えられた情報や知識を客観的に分析したり批判したりして思考をより深める能力である。個々人はさまざまな考えや価値観をもち、他者や集団からの圧力やメディアから影

響を受けている。そうしたことで人々の態度や行動がどう影響するかを認識することで、問題状況を多面的・多角的に考えることができるようになる。

⑤**コミュニケーション・スキル**――多様な文化や状況に応じて、言語的または非言語的に意思を効果的に疎通し合うスキルである。これによって互いに尊重し合い、自らの意見や要望や気持ちを表明し合うことができるようになり、必要に応じて相手からの助言や援助を求めたりすることができるようにもなる。

⑥**対人関係スキル**――望ましい方法で人と接触することができる能力のことである。これがあると、多様な他者と良好な関係を築いたり、その関係を維持・発展させたり、場合によっては、人間関係を建設的なやり方で解消したりすることができるようになる。

⑦**自己認識**――自分自身の見方や考え方をしっかり認識する能力である。自己認識を深めることで、自分の長所や短所を分析したり、自分の欲求や意見をより客観的に認識したりできるようになり、より深くより肯定的に自己を理解することができるようにもなる。

⑧**共感性**――自分が知らない人の生き方であっても、それを心に描くことができる能力のことである。共感性があれば、異質の他者の思いを理解し、受け入れることが可能になる。また、相手の立場になって人々の気持ちに共感し、相手を認めたり支えたり勇気づけたりすることができるよ

うになる。

⑨**情動に対処する力**――自分や他者の情動に対して適切に対処する能力のことである。情動に対処する力があると、自他の情動がどのように思考や行動に影響を与えているかを理解し、そうした情動にどのように対処すればよいかがわかるようになる。

⑩**ストレスに対処するスキル**――ストレス源を認識し、ストレスの影響を知り、ストレスのレベルをコントロールすることである。こうしたストレスに対処するスキルをもっていると、心を平静に保つことができ、精神衛生の状態をよくすることができる。

ＷＨＯ編『ＷＨＯライフスキル教育プログラム』（大修館書店、一九九七年）より

以上のようなライフスキルを身につけると、これからの不透明な時代に子どもたちがさまざまな問題に向き合ったときでも、それらに適切に対応して、よりよく生きることができると考えられる。こうしたライフスキルも学校教育でトレーニングすることで習得できることがわかってきたため、世界的規模で普及していった。これは、今日の「育成すべき資質・能力」論の先駆けといえるだろう。

## 第2節 ライフスキル教育としてのＳＥＬとピアサポート

上述したライフスキルを教育する方法は世界各国で多様に展開している。例えば、モンテリオン（James. A. Monteleone）によれば、ライフスキル教育とは、①暴力を使わないで葛藤・対立を解決する方法、②ストレス管理スキル、③リソース・マネジメント、④意志思決定、⑤対人コミュニケーション、⑥子どもの発達や指導についての具体的なスキル教育、⑦薬物乱用防止教育などがある（モンテリオン、二〇〇三）。

こうした資質・能力を育成しようとする指導方針は、世界の教育界では主流の考え方であり、教育の先進諸国では当然のように取り入れている。

わが国においても、道徳科や特別活動などの授業を中心に学校の教育課程上にしっかり位置づけて、適切にスキルトレーニングすることが必要になってくるだろう。

### ❶ 社会性と情動を育てるＳＥＬ

ライフスキル教育を発展させた学習としては、英米を中心に展開しているＳＥＬ（Social

and Emotional Learning：社会性と情動の学習）やピアサポートがある。

まず、ＳＥＬとは、イライアス（M. J. Elias）によれば、①ライフスキルと社会的能力、②健康増進と問題防止のスキル、③人生移行および危機のための対処スキルと社会的支援、④積極的・後見的な奉仕活動の四つを指導することである（イライアス、二〇〇〇）。

①**ライフスキルと社会的能力**――社会的スキル、セルフ・コントロール、ストレスマネジメント、問題解決、適切な自己主張などの基礎的で一般的な能力が含まれる。

②**健康増進と問題防止のスキル**――薬物乱用防止教育、性教育、非行防止教育などが含まれる。

③**人生移行および危機のための対処スキルと社会的支援**――進学、転居、死別、保護者の離婚等への対処に関する学習が含まれる。

④**積極的・後見的な奉仕活動**――互いに支え合う活動やボランティア活動を行うことである。

シカゴの非営利団体ＣＡＲＳＥＬでは、育成すべき能力として、①自己理解、②自己管理、③社会理解、④対人関係スキル、⑤責任ある意思決定をあげている。

団体によって資質・能力や指導法にいくらか違いがあるが、大きな目標とそこで養う資質・能力は共通している。

以上のようなＳＥＬは、初歩的なライフスキルだけでなく、学力向上や生徒指導上の問題解決にも役立っている。

## ❷ピアサポートの広がり

カナダを中心にピアサポート（peer support：同じような立場にある人による支援、仲間からの支援）も広がっている。

例えば、コール（T. Cole）によれば、ピアサポートとして次の八つの項目をあげている。①コミュニケーション・スキル、②注意を向けるスキル、③傾聴スキル、④助けになる応答の仕方、⑤適切な質問の仕方、⑥問題解決と個人プランニング、⑦対立解消・メディエーション、⑧守秘義務と限界設定。

このように子どものよりよく生きる力を育てようとする教育は、時代とともに世界的な規模でますます広がりをみせている。

# 第3節 「生きる力」と「確かな学力」

ＷＨＯでライフスキル教育が提唱されたころから各国の教育界では、単なる知識理解や技能の習得に偏ることなく、人がよりよく生きるうえで役に立つ知恵やスキルを習得することに重点を置くようになっていく。文部省（現文部科学省）も一九九六年の第一五期中央教育審議会の答申からは、「知識基盤社会（Knowledge-based society）」において具体的なスキルや能力の育成が大事であることを強調している。知識基盤社会とは、フリッツ・マッハルプ、ピーター・ドラッカー、ダニエルベル等の考えに依拠した用語で、知識や情報が政治・経済・文化をはじめ社会のあらゆる領域での活動基盤として重要になる社会を意味している。変化が激しく新しい課題に試行錯誤しながら対応していく社会では、子ども自身が自ら思考する力、判断する力、表現する力を高めることが求められていったのである。

## 1 「生きる力」を育成する

こうした流れの中で、一九九六年に中央教育審議会に提言されたのが、「生きる力」であった。当時すでにグローバル化や情報化が進展しており、価値観の多様化が叫ばれる社会を見すえて、学校教育全体で「生きる力」を育成することがめざされた。

この「生きる力」とは、①「自分で課題を見つけ、自ら学び、自ら考え、主体的に判断し、行動し、よりよく問題を解決する能力」であり、②「自らを律しつつ、他人とともに協調し、他人を思いやる心や感動する心など、豊かな人間性」であり、③「たくましく生きるための健康や体力」である。この「生きる力」も、受動的な知識偏重型の教育から能動的に問題解決していく学習への質的転換をめざすものであった。

ただし、上述した「生きる力」の構成要素は、学校教育の目標と同様に、①知育、②徳育、③体育に分類されており、時代に合わせて用語を刷新した総合的な概念ともいえる。

## ❷「確かな学力」をめざして

しかし、この当時、子どもたちの学力低下や教育格差が社会問題化し、「ゆとり教育」の政策が批判されるようになると、文部科学省は二〇〇二年に「学びのすすめ」を提案して子どもの学力向上をめざすとともに、「生きる力」の概念も一部修正している。

具体的には、上述した「生きる力」の①の部分が、「基礎・基本を確実に身につけ、いかに社会が変化しようと、自ら課題を見つけ、主体的に判断し、行動し、よりよく問題を解決する資質や能力（確かな学力）」と修正された（傍線筆者）。①の総称は本来、「問題を解決する力」であったはずだが、学力向上をめざすようになった文部科学省は、①の総称を「確かな学力」と呼ぶようになったのである。

ここでいう「確かな学力」とは、「知識・技能に加え、自分で課題を見つけ、自ら学び、主体的に判断し、行動し、よりよく問題を解決する資質や能力」とされている（傍線筆者）。傍線部を付け加えただけだが、ここの総称を「確かな学力」とすることによって大きく印象が変わることになった。そして、この「確かな学力」の構成要素は、基礎・基本を中核として、判断力、表現力、問題解決能力、学ぶ意欲、知識・技能、学び方、課題発見能力、思考力などを含むことになった。

つまり、「確かな学力」は、基礎・基本の習得を前提にした問題解決能力（等）なのだが、学校教育では基礎・基本の習得が強調されるようになっていった。こうした「生きる力」の再定義は、学力低下を防止するために、基礎・基本も確実に習得することを強調したわけであるが、本来の骨子には子どもたちが新しい時代に問題に向き合い、主体的に解決できる資質・能力の育成をめざしていたのである。

# 第4節 「人間力」「就職基礎能力」「社会人基礎力」「学士力」

「生きる力」は、当時の文部省（現文部科学省）が世界の潮流を踏まえて提示した専門用語だが、経済界や政界の意向も反映されている。というのも、政財界からは、「学校教育で学んだ知識や技能は、実社会や企業では役に立たない」としばしば批判されてきたからである。

この観点で振り返ると、「生きる力」と関連する用語として、①「人間力」、②「就職基礎能力」、③「社会人基礎力」などが、経済界や産業界からの意見を反映させる形で次々と提言されてきた。これらの用語は、必ずしも教育界から提案されたわけではないが、これから社会に出て行くうえで大切な資質・能力であるため、ここで概念をまとめておく。

## ❶ 社会に出て役立つ能力とは

### 人間力

「人間力」は、内閣府が二〇〇三年に「人間力戦略研究会報告書」で提唱した概念である。

ここでは人間力を、「社会を構成し運営するとともに、自立した一人の人間として力強く生きていくための総合的な力」と定義した。人間力の構成要素は、以下の三つである。

①**知的能力的要素**——基礎学力、専門的な知識・ノウハウ、継続力、論理的思考力、創造力など。

②**社会・対人関係力的要素**——コミュニケーション・スキル、リーダーシップ、公共心、規範意識、他者を尊重し切磋琢磨しながらお互いを高め合う力など。

③**自己制御的要素**——意欲、忍耐力、自分らしい生き方、成功を追求する力など。

このように人間力は、専門的な知識・技能から道徳性や生き方まで広く含んでいる。

**就職基礎能力**

就職基礎能力とは、厚生労働省が二〇〇四年に「若年者の就職能力に関する実態調査」で示した概念であり、「企業が採用に当たって重視し、基礎的なものとして比較的短期間の訓練により向上可能な能力」と定義される。具体的には以下の五つがあげられる。

①**コミュニケーション能力**——意思疎通、協調性、自己表現能力

②**職業人意識**——責任感、向上心・探究心、職業意識・勤労観

③**基礎学力**——読み書き、計算・数学的思考、社会人常識

④**ビジネスマナー**——基本的なマナー

⑤**資格取得**——情報技術関係、経理・財務関係、語学力関係

上述したように、学校で学んだ知識は社会では役に立たないと揶揄されてきたが、こうした実学によって養われた能力や意識であれば、仕事にも十分生かせるだろう。

**社会人基礎力**

社会人基礎力とは、経済産業省が二〇〇六年に「社会人基礎力に関する研究会—中間とりまとめ」で示した概念である。それは、会社に限らず、「組織や地域社会の中で多様な人々とともに仕事を行っていく上で必要な基礎的な能力」と定義され、次の三つに分類される。

①**前に踏み出す力**（**アクション**）——主体性、働きかけ力、実行力
②**考え抜く力**（**シンキング**）——課題発見力、計画力、創造力
③**チームで働く力**（**チームワーク**）——発信力、傾聴力、柔軟性、状況把握力、規律性、ストレスコントロール力

## ❷社会で役立つ能力を育成するために

以上の人間力、就職基礎能力、社会人基礎力は、実効性の高い能力に特化しているため、学校で習得したことが日常生活や実社会でも通用する傾向が強い。人間力などは、単に就職

や社会適応のために必要というよりも、これからの時代に人間がよりよく生き、よりよい社会を築くうえでも不可欠となる資質・能力となるだろう。

これらの概念で共通して重視しているのは、従来のように基本的な知識や技能を習得する能力ではなく、実生活や実社会で役立つ思考力や実践力であり、社会人として自立できるだけの問題解決力や人間性である。知識理解という認知的側面ばかりではなく、コミュニケーション力や「やり抜く力」など情緒的側面や行動的側面を含めた総合的で汎用性の高い資質・能力である。

現時点での知識や技能は、すぐに陳腐化して使いものにならなくなる可能性があるが、こうした思考力や問題解決能力や人間性など（地頭のよさ）は、たとえどんなに時代が変わろうとも柔軟に形を変えて成長・発展していくからである。

こうした人間力、就職基礎能力、社会人基礎力などの育成に対応して、文部科学省のほうでは「キャリア教育」に力を入れるようになり、また大学課程修了レベルの実力として、「学士力」を新たに提言している。

「キャリア教育」は、国立教育政策研究所の生徒指導・進路指導研究センターの「児童生徒の職業観・勤労観を育む教育の推進について」（二〇〇二年）で重視されている。ここではキャリア教育によって育成する能力として以下の四つをあげている。

①**人間関係形成能力**――自他の理解能力、コミュニケーション能力
②**情報活用能力**――情報収集・探索能力、職業理解能力
③**将来設計能力**――役割把握・認識能力、計画実行能力
④**意思決定能力**――選択能力・課題解決能力

**学士力**

学士力は、文部科学省の諮問機関である中央教育審議会において二〇〇八年に「学士課程教育の構築に向けて」（審議のまとめ）で提言されている。この学士力とは、分野横断的にわが国の学士課程教育が共通してめざす学習成果について参考指針となるものである。つまり、大学を卒業した者（学士課程修了者）が身につけているべき資質・能力のことである。

この学士力の構成要素は、以下の四つである。

①**知識・理解**――多文化・異文化に関する知識の理解、人類の文化、社会と自然に関する知識の理解
②**汎用的技能**――コミュニケーション・スキル、数量的スキル、情報リテラシー、論理的思考力、問題解決力

③**態度・志向性**――自己管理力、チームワーク、リーダーシップ、倫理観、市民としての社会的責任、生涯学習力

④**統合的な学習経験と創造的思考力**――これまでに獲得した知識・技能・態度等を総合的に活用し、自らが立てた新たな課題にそれらを適用し、その課題を解決する能力

## ❸ これからの時代に求められる資質・能力を求めて

以上のように、これからの時代に求められる資質・能力としては、基礎的な知識や技能を習得するだけでなく、実際の社会でより汎用性のある資質・能力を育成することが求められている。こうした諸概念には、認知能力（知識理解・問題解決能力）だけでなく、感情的能力、行動力、そして社会的能力も重視しようとしている。

具体的には、自分自身に関すること（自己意識、自己理解、自己管理、自律性、責任など）、人とのかかわりに関すること（人間関係形成力、コミュニケーション力など）、社会や集団に関すること（社会的・市民的能力、リーダーシップ、公共の精神、協調性など）を含む点で、総合的な能力である。

## 第5節 諸外国のめざす資質・能力観

ここで、再び諸外国へ目を向けていきたい。これからの時代を生きるための資質・能力を育成しようという教育方針は、まさに世界的な潮流でもある。その代表例がＯＥＣＤ（経済協力開発機構）の提唱する「キー・コンピテンシー」である。

### 1 キー・コンピテンシー

この概念は、ＯＥＣＤの「ＤｅＳｅＣｏ（デセコ）」プロジェクトで二〇〇五年に打ち出された。キー・コンピテンシーは、「人生の成功と正常に機能する社会の実現を高いレベルで達成する個人の特性」であり、「価値ある個人的・社会的成果をもたらす能力」と定義されている。これからの知識基盤社会において特定の文脈で複雑な課題にも対応できる能力を育てようとする意図があった。構成要素は三つある。

**①社会・文化的、技術的ツールを相互作用的に活用する力**

**②多様な社会グループにおける人間関係形成能力**

### ③自律的に行動する能力

キー・コンピテンシーで興味深いのは、人生の成功や社会的成果にもふれ、個人的な満足だけでなく社会的にも活躍できることを念頭においていることである。そうであれば、これからの時代を生きる子どもたちは、知識や技能を習得するだけでなく、社会に出ても通用する情報ツールや人間関係形成力、コミュニケーション力、自律的な行動力やスキルなどを身につける必要があるのは必然である。キー・コンピテンシーは、自立、協力、尊重、責任などの道徳的諸価値を含むため、人間性に根づいた資質・能力であるともいえる。

## ❷各国のコンピテンシーに関連した教育方針

コンピテンシーの育成をめざす動向は、ＯＥＣＤのほか諸外国でも共通してみられる。

**アメリカ**

アメリカで重視している「二一世紀型スキル」とは、高度に情報化しデジタル化する二一世紀の社会を生き抜くために必要なスキルである。コア・スキルは以下の三つである。

①学習とイノベーションスキル（批判的思考と問題解決、コミュニケーションと協働、創造とイノベーション）、②情報、メディア、テクノロジースキル（情報リテラシースキル、

メディアリテラシースキル、ICTリテラシースキル）、③生活とキャリアスキル（柔軟性と適応性、進取と自己方向づけスキル、社会／文化横断的スキル、生産性／アカウンタビリティスキル、リーダーシップと責任スキル）。

こうしたコア・スキルを高めるために、以下の四つの具体的なスキルが必要になる。①「考え方」とは、創造力や意思決定力、自分を客観的に認知する能力であるメタ認知能力など、あらゆる思考の方法を身につけるスキルである。②「働き方」とは、社会や組織で他者と一緒に働くために必要となる方法である。コミュニケーション能力や、複数で共同の作業を行うときに大切なコラボレーションの能力などを身につける。③「働くための道具」とは、情報化された社会において必要となる道具である。パソコンとインターネットを活用できるようにするICTリテラシーや、必要な情報を正しく入手できる情報リテラシーを身につける。④「世界で生きるためのスキル」とは、グローバル化する社会に対応し、人生のキャリアを構築するためのスキルである。語学力を伸ばすだけでなく、異文化への理解を深め、異なる国や文化や思想をもつ人たちとも適応できるようにする。

### イギリス

イギリスでは、知識理解からスキルの学習への転換をめざし、キー・スキルと思考スキルの習得を掲げた。

キー・スキルとは、①コミュニケーション、②数の応用、③他者との協力、④問題解決、⑤自分自身の学習と成績を改善する力である。一方の思考スキルとは、①情報処理スキル、②推論のスキル、③探究のスキル、④評価のスキル、⑤創造的な思考のスキルである。ただし、二〇一四年以降は教科の知識理解を重視するようにもなった。

もともとイギリスでは、ＰＳＨＥ（Personal, Social, Health and Economic Education：人格、社会性、健康・経済教育）を取り入れている。これは人格や社会性にかかわるスキルを養うため、個人的選択・意思決定や社会的責任の能力と態度を育成しようとしたが、後に健康や経済の内容も含めるようになり、より総合的な教育になっている。

具体的な教育目標としては、①自信や責任感をもつことができるようになること、②自分の才能を最大限に生かす選択ができるようになること、③能動的市民として積極的な役割を担うための準備をすること、④健康で安全な生活様式を身につけること、⑤良好な人間関係を構築すること、⑥人々の間における違いを尊重することができるようになること、である。このほかにナショナル・カリキュラムに対応した市民性教育（Citizenship Education）も取り入れられ、ＰＳＨＥと連携して「権利と責任」などを指導している。

**その他の国々**

**フィンランド**――例年ＰＩＳＡのテストで高得点を取って注目されたフィンランドでは、以下の七つのコンピテンシーに重点を置いている。①思考力、学ぶことを学ぶ、②文化的コンピテンス、相互作用、表現力、③自立心、生きるための技能／自己管理、日常活動の管理・安全性、④マルチリテラシー（多元的読解力）、⑤ＩＣＴコンピテンス、⑥職業において求められるスキルと起業家精神、⑦参加・影響・持続可能な未来の構築。

**ドイツ**――資質・能力の構成要素として行為コンピテンシーを上位に置き、①事象コンピテンシー（教科内容的）、②方法コンピテンシー（戦略的・創造的）、③社会コンピテンシー（コミュニケーション的）、④自己コンピテンシー（対人的）を下位に提示している。

**フランス**――資質・能力の構成要素となる七つの共通基礎として、①フランス語の習得、②一つの現代外国語の運用、③数学の基礎原理および科学的技術的教養、④情報通信に関する日常的な技術の習得、⑤人文的教養、⑥社会的・公民的技能、⑦自律性および自発性、を提示している。

**オーストラリア**――資質・能力（汎用的能力）を七つの構成要素に分けている。①リテラシー、②ニューメラシー、③ＩＣＴ技能、④倫理的理解、⑤批判的・創造的思考力、⑥異文化理解、⑦個人的・社会的能力を提示している。

**ニュージーランド**——五つのキー・コンピテンシーとして、①思考力、②言語・シンボル・テキストの使用、③自己管理、④他者とのかかわり、⑤参加と貢献を提示している。

**シンガポール**——資質・能力の構成要素として六つの中核的価値（①尊敬、②責任、③誠実、④ケア、⑤ねばり強さ、⑥調和）、社会的・感情的コンピテンシー（自己意識、自己管理、責任ある意志決定、社会的意識、関係管理）、二一世紀コンピテンシー（公民的リテラシー、グローバル意識、文化横断的スキル、情報とコミュニケーション・スキル、批判的・創造的思考）を提示している。以上のような中核的価値や社会的・感情的コンピテンシーだけでなく、教科外活動を統合的に推進する人格教育や市民性教育を取り入れている。

**韓国**——資質・能力として「核心力量」の育成をめざしている。核心力量の構成要素としては、①自己理解力、②意思疎通能力、③論理力、④想像力／創意力、⑤文化的感受性、⑥問題解決能力、⑦市民共同体精神、⑧リーダーシップを提示している（ただし、韓国では核心的力量を国家レベルで導入しているわけではない）。

以上のように、各国で資質・能力（コンピテンシー）のとらえ方は多種多様であるが、そこで共通して重視されているのは、以下の五つの中核的なカテゴリーである。

まず、基礎・基本の力として、言語（語学を含む）、計算、推論（論理的思考、批判的思考、創造的思考、探究思考を含む）がある。次に、自己の生き方に関するものとして、「自立心」「自己意識」「自律性」「自己管理」「自己理解」などがある。第三に、他者とのかかわりに関するもので、「コミュニケーション能力」「意思疎通」である。第四に、社会とのかかわりに関するもので「市民性」「社会性」「公民性」などが重視されている。第五に、今日的課題に関するもので「ＩＣＴ（情報通信技術）」「異文化理解」「キャリア」「持続可能な発展」「グローバル意識」などと関連づけて示されることが多い。

以上のことから、従来の学校教育のように既存の知識内容（コンテンツ）を子どもの頭に理解させることではなく、多様な資質・能力（コンピテンシー）を育成することこそが重視されるようになってきたといえる。これがいわゆる「コンテンツ・ベースからコンピテンシー・ベース」への質的転換の意味するところである。

# 第6節　二一世紀型能力（日本版資質・能力の源流）

従来の「生きる力」の学力観や諸外国のコンピテンシー（資質・能力）論を参考にしながら、国立教育政策研究所では、二〇一三年、「二一世紀を生き抜く力をもった市民」として必要な能力として「二一世紀型能力」を提唱している。

## 1　二一世紀型能力とは

二一世紀型能力とは、「生きる力」としての知・徳・体を構成する資質・能力から、教科・領域横断的に学習することが求められている能力を資質・能力として抽出したものである。キー・コンピテンシーからの影響を受け、日本の学校教育が培ってきた資質・能力を踏まえつつ、基礎、思考、実践の観点から再構成した日本版の資質・能力観でもある。二一世紀型能力の中核には、①「思考力」があり、それを内側から支える②「基礎力」があり、その使い方を外側から方向づける③「実践力」がある。

①思考力は、「一人ひとりが自ら学び判断し自分の考えを持って、他者と話し合い、考え

を比較吟味して統合し、よりよい解や新しい知識を創り出し、さらに次の問いを見つける力」である。具体的には、問題解決能力・問題発見能力、創造力、論理的能力、批判的思考力、メタ認知・適応的学習力に関連している。②基礎力は「言語、数、情報（ＩＣＴ）を目的に応じて道具として使いこなすスキル」、③実践力は「日常生活や社会、環境の中に問題を見つけ出し、自分の知識を総動員して、自分やコミュニティ、社会にとって価値のある解を導くことができる力、さらに解を社会に発信し協調的に吟味することを通して他者や社会の重要性を感得できる力」のことである。具体的には、自律的活動力、人間関係形成力、社会参画力、持続可能な未来づくりへの責任などを含んでいる。

こうした二一世紀型能力は、知識理解や技能の習得を基礎としながらも、多様な問題解決に対応できる思考力を中核とし、より汎用性のある実践力にもつながっている点で画期的である。ただし、諸外国のコンピテンシー論と比較すると、教科教育を中心とした構成となっており、道徳的・倫理的要素が周縁に追いやられている感はある。

## ２ キー・コンピテンシーの再定義

ＯＥＣＤが二〇一五年から進めてきたプロジェクト「Ｅｄｕｃａｔｉｏｎ二〇三〇」で

は、「変革の主体」となるコンピテンシーを追究している。まず、複雑で未知の状況に対応するために、学問分野を超えた「知識」として、学問分野の知識、認識論的知識、学問に関する知識などが必要になる。次に、この知識を未知の状況に適用する「スキル」として、認知スキルやメタ認知スキル（例：批判的思考力、創造的思考力、学び方を学ぶ、自己調整）、社会的・情意的スキル（例：共感、自己効力感、協働性）、実用的・身体的スキル（例：新たなＩＣＴ機器の利用）が大事になる。第三に、こうした知識とスキルを有効活用する「態度および価値」（例：意欲、信頼、多様性、美徳の尊重）が提示されている。

コンピテンシー（資質・能力）は、単に知識や技能を知っているレベルではなく、応用・活用できるレベルを意味し、基礎・基本の定着というよりも、実践的・応用的能力の育成が求められている。また、自律、協働、尊重、責任、人間関係形成、思いやり、公正・公平などのような道徳的価値を内に含んでいる。こうした資質・能力の育成は、わが国だけでなく、全世界的に取り組んでいる教育上の大テーマでもある。ただし、道徳的諸価値を含む資質・能力をどの教科・領域でどのようにつないで指導していくかは、先進諸国のカリキュラムでも不明確なところがある。わが国でも「特別の教科」となった道徳を中心に、総合的で系統的なカリキュラムを構築することが求められる。

# 第7節 今次学習指導要領にみる資質・能力観

二〇一八年に改訂された学習指導要領では、二一世紀型の資質・能力を養うために、これから求められる資質・能力として、「文章や情報の意味を正確に読み取る力」「教科固有の見方・考え方を働かせて、知識を習得し、考え、表現する力」「対話や協働を通じ、納得解を生み出そうとする態度」などが記されている。

知識や技能の習得をもとに、特定の分野に限定されない広範囲で汎用性の高い資質・能力（コンピテンシー）の育成がめざされ、コンテンツ・ベースからコンピテンシー・ベースへの質的転換が明確に打ち出されているのが、今次の学習指導要領の特徴である。今次の学習指導要領で三つの柱とされた、育成すべき資質・能力を本章の最後に概観してみたい。

## 1 育成すべき資質・能力の三つの柱

### 生きて働く知識・技能の習得

第一の柱は、「生きて働く知識・技能」を習得することである。ここでは「何を知っているか」「何ができるか」が問われることになる。単なる知識理解だけでなく、自分自身に固有の選択基準・判断基準の形成が大事になる。単なる知識・技能や判断基準を抽象的に認識するだけでなく、現実生活でも「生きて働く知識・技能」として習得できるようにする。それゆえ、さまざまな問題の発見や解決と関連づけて理解することが大切になる。

例えば、「図書館は何のためにあるのか」「公正・公平に判断するとはどのようなことか」などと問うことができる。ここでは用語の意味を抽象的に認識するのではなく、現実生活において「生きて働く知識・技能」として実用的に理解する必要がある。

知識として理解するためには、参考となる資料データや物語を読んだり、先人や偉人たちの名言・格言を紹介したりすることも有効である。また、さまざまな選択基準・判断基準を知識・技能と関連づけて習得することも大事になる。例えば、原因と結果の関係を考えることや、自分の立場だけでなく多様な他者の立場で考えること、自分の判断がだれに対しても公平かを考えることなどを判断基準として理解することもできる。

**思考力・判断力・表現力等の育成**

第二の柱は、「未知の状況にも対応できる思考力・判断力・表現力等の育成」である。ここでは、「知っていること、できることをどう使うか」が問われる。ＡＩでも思考・判断・

表現することはできるが、人間ならではの「自己の生き方」「人間としての生き方（あり方）」について考え議論し、互いに納得いく最善解を出し、それを効果的に汎用できるようにすることが大事である。そのためには、単なる知識を蓄積するのではなく、「自分ならどうするか」という観点からよりよい方向を模索し続けるようにする。

この資質・能力を育むには、まず「何が問題になっているか」を見いだす必要がある。次に、こうした問題について、「どうすればよいか」「自分ならどうするか」を考えられるようにする。既存の知識や技能を踏まえ、未知の問題を解決するためにどうすればよいかを尋ねることで、多様な解決策を考えることができるようになる。見解が対立している場合は、その葛藤を克服するためにはどうすればよいかをより多面的・多角的に考え、納得できる最善解を総合的に判断する力を養う。また、習得した知識や技能を別の場面でも効果的に汎用できる力が重視される。授業で基本的な問題を考え解決したら、日常生活や別の教科などの問題に応用して発展的に考えられるようにするとよいだろう。

**学びに向かう力・人間性の涵養**

第三の柱は、「学びを人生や社会で生かそうとする学びに向かう力・人間性の涵養」である。ここでは子どもが「どのように社会・世界とかかわり、よりよい人生を送るか」が問われる。こうした資質・能力を養うためには、授業で学び考え習得した知識や価値、育成した思考力や判断力を実際の人生や社会で生かそうとする意欲・関心・態度が大事になる。一般に学校で学んだ知識や技能は、「日常生活では使えない」「実効性に乏しい」と批判されてきた。しかし、これからは学校での学びを人生や社会でも積極的に生かそうとする意欲をもつとともに、生涯をかけて学び続けようとする意欲を養うことが重要になる。

子どもたちが学び続けることの大切さを実感し、「もっと学びたい」「探究したい」という意欲や関心をもち続けられるようにしたい。こうした「学びに向かう力」を養うためには、例えば、授業の終わりに、「この授業は自分の人生にどのような意味があるか」「これからの生活や学習にどう役立てることができるか」について考えを深めることが大事である。また、子どもの発達段階に適した学習内容を計画的・系統的に配置する必要がある。

## ❷「主体的・対話的で深い学び」とは

今次の学習指導要領では、これら三つの柱を育成するために、「主体的・対話的で深い学び（アクティブ・ラーニング）」を実現することがめざされている。以下に、「主体的な学び」「対話的な学び」「深い学び」の三つの視点から概括したい。

## 主体的な学び

「主体的な学び」とは、「学ぶことに興味や関心を持ち、自己のキャリア形成の方向性と関連付けながら、見通しを持って粘り強く取り組み、自己の学習活動を振り返って次につなげる」学びである。主体的な学びにするためには、以下の四つがポイントになる。

**①子どもが興味・関心をもって切実に考えたくなるような問題を設定すること**

発達段階を考慮したうえで、子どもが興味・関心をもつ課題を取り上げ、子どもが自ら問題に向き合い、そこから自らの課題を見いだせるようにする。

**②問題（学習テーマ）を自分自身と関連づけて、自己を見つめ直し、自分ならどう生きるかを主体的に考え、判断すること**

このときは、教科書の情報や知識を暗記するのではなく、それを子ども自身がどう感じ、考え、判断し、表現するかが大事になる。

**③子どもたち自らが既習した知識や経験と関連づけて問題の解決を試みること**

これは現在の学習活動だけでなく、それ以前の学びや他の教科等と結びつけ、現在の学びが過去に学んだ知識・技能や体験したこととどう関連しているかを考える。

**④子どもが問題解決を通して学び、考え、感じたことを振り返り、省察すること**

授業での学びが、将来の学びや今後の授業とどうつながるか、どう行動し習慣化するかを省察し、学び全体を俯瞰しながら取り組むことが実効性を高める。学期や学年の終わりには、期間に行われた授業全体を振り返って、自らが成長したことを実感できるようにする。そのためには、学習の過程や成果の記録をファイル等にまとめておき、自らの学習記録をポートフォリオで振り返られるようにする。そして自分がまだ十分に達成できていないところは、将来の課題や目標として取り組めるようにする。

**対話的な学び**

「対話的な学び」とは、「子供同士の協働、教職員や地域の人との対話、先哲の考え方を手掛かりに考えること等を通じ、自己の考えを広げ深める」学びである。対話的な学びにするためには、以下の三つがポイントになる。

**①学習する内容について、さまざまな他者（子ども同士）と対話をすること**

これによって、多面的・多角的な見地から考えを発展させていけるようにする。例えば、教材を読んだ後、何に関心をもったか、問題は何か、どう解決するかについて、ペアや小集団、学級全体で話し合う。ここで子どもたちは、自分の意見を表明できるとともに、友達の意見を理解し合うことができ、多様な交流から学びを深めることができる。

**②子どもが、教師や保護者、地域の人々、テーマの専門家などと対話をすること**

子どもだけの知識や経験には限界があるため、必要に応じて専門的な立場から情報提供や助言をしてもらうことで考えを深められる。

**③教材に示された先哲の考え方と対話をすること**

偉人・先人や有名な人物の言動を参考に、偉大な考えや独創的な考えにふれて、自己の生き方や人間としての生き方について考えを深めることができる。

こうした対話は、自己の生き方を振り返ったり展望したりすることになり、自己内対話にもつながっていく。対話を通して異なる多様な意見と交流でき、自分では気づけなかったことを理解したり再発見したりして、考えを広げ、深めるきっかけになる。

**深い学び**

「深い学び」とは、「各教科等で習得した概念や考え方を活用した『見方・考え方』を働かせ、問いを見いだして解決したり、自己の考えを形成し表したり、思いを基に構想、創造したりすることに向かう」学びである。深い学びにするためには、以下の三つがポイントになる。

**①既習の知識や技能を活用した見方・考え方を働かせて、答えのない問題にも多面的・多**

**角的に考えること**

習得した判断基準に基づく見方・考え方を参考にして、類題や応用問題に汎用して取り組むことができる。

**②子ども自身が問題状況を把握し、そこから解決すべき課題を見いだすこと**

また、子どもがその問題を他人事としてではなく、自分事としてとらえ、「自分だったらどのように行動すべきか」を考え議論することである。こうした学習においては、考えの根拠を問うたり、問題場面を自分に当てはめて考えたりすることを通して、問題の背景や原因を深く理解するとともに、それを解決できるようになる。

**③自己の考え方を形成しながら、自己の生き方や人間としてのあり方、社会のあり方を探究すること**

前述した「主体的な学び」や「対話的な学び」も問題の発見や解決を通して「深い学び」に関連していく。子どもは学習課題に主体的に取り組み、さまざまな見方・考え方を活用・汎用し、他者と協働的に探究することで、総合的に資質・能力を育むことができる。

# 第Ⅱ部　実践編

第1章　これからの時代に必要な確かな学力をどう育てるか

第2章　これからの時代に必要な豊かな人間性をどう育てるか

第3章　これからの時代に必要な健全な行動力をどう育てるか

第Ⅰ部では、Ｓｏｃｉｅｔｙ５・０における世の中の変化や子どもたちの変化を概観するとともに、Ｓｏｃｉｅｔｙ５・０時代に求められる資質・能力とはどのようなものかについて、歴史的な経緯を踏まえながら検討してきた。そして、ＡＩに負けない人間ならではの強みとして、「主体性」「関係性」「人間性」と、その諸様相である一二の力について述べた。

第Ⅱ部では、それらを育む具体的な方法として、さまざまなサイコエデュケーションの理論と指導法を紹介していく。

章の構成としては、第1章「確かな学力の育成」、第2章「豊かな人間性の育成」、第3章「健全な行動力の育成」に分けて記述したが、サイコエデュケーションが、思考と感情と行動を総合的に養い、学力向上からスキル習得や習慣形成、人格形成まで、幅広く多様に活用できる方法であることがご理解いただけると思う。

もちろん、すべての教師がこれらの指導法をすべて習得する必要があるとか、子どもたちに毎日行うことを提案したいわけではない。子どもたちの実態や発達状況を見すえて、発達課題を解決するためにケースバイケースで活用すればよいだろう。

# 第1章 これからの時代に必要な確かな学力をどう育てるか

知識の蓄積や技能の習得だけなら、AIやロボットのほうが人間よりもはるかに正確かつ迅速にできる。人間が行う必然性の少ない仕事は、これからAIやロボットに代替されていくだろう。この時代に必要な確かな学力を育てるにはどうすればよいかみていきたい。

## 第1節 メタ認知能力を育てる――自律的な学習者になるための資質

Society5.0時代には、大小さまざまな情報や知識を細部まで覚えたり、ビッグデータを迅速かつ正確に分析したりすることにこだわるよりも、それらを総合的に俯瞰して、主体的に考え判断する能力が必要になってくる。こうした全体を俯瞰する力は、心理学的にいうとメタ認知能力と深く関連している。

## ❶メタ認知能力とは

　メタ認知能力とは、一九七六年にフラベル（John. H. Flavell）が提唱した「メタ記憶」から派生した語で、認知心理学上のキーワードとなっている。メタは高次元を、認知は知覚、情動、記憶、思考を含んだ活動全般を指す。ゆえに「メタ認知」とは、自分の認知をより高い次元から客観的にみとり、冷静に評価したうえで、具体的に制御する能力を意味する。

　人間はふだん、なにげなくものごとを感じたり考えたりしているが、その認知自体を高次からとらえ直すのが、メタ認知能力である。「自分は何を知っているか」「自分は何ができるか」を客観的に知るところからメタ認知は出発する。次に、自分の見方や考え方のメカニズムを理解し、どうすればよりうまく制御できるかを判断するようになる。メタ認知ができるようになると、学習やスポーツを行ううえでも、人間関係を築くうえでもスムーズに改善・工夫ができるようになる。それは子どもが人生においてさまざまな問題に向き合い、自ら考え、主体的に判断し、よりよく生きることにもつながる。

　メタ認知の発達は、小学校の中学年から高学年にかけて顕著に現れてくるが、その萌芽的な能力は、幼稚園や小学校低学年でも十分にみてとれる。発達段階に合わせたメタ認知能力の育成が大切になる。

## ❷メタ認知能力の特徴

メタ認知能力を高めるとどのようなことができるか、より具体的に検討しよう。

①自分の言動に対して、セルフコントロール（自制心）やオートノミー（自律性）が働き、自分を冷静に評価し、改善すべき点があれば自ら助言・指導できるようになる。

②困った問題状況を冷静に分析し、「どうすればできるか」を考え、適切な目標を設定して、やりとげようとする。うまくいかない場合でも、「何が原因だったか」「どこまでならできるのか」を考え、前向きに対処することができる。また、自・他の有する知識や能力を理解し、さまざまな手段で解決しようとする。逆に、メタ認知が低いと、閉鎖的にみて「これでは無理だ」と否定的にとらえ、すぐ投げ出してしまう傾向にある。

③自分の感じ方や考え方がよく理解できるようになる。そのため、悲観的になっても、それを切りかえ、ポジティブな状態に調整することができる。また、困難な目標を自分の興味・関心や夢に結びつけ、楽しんで取り組めるように工夫することもできる。

④「周りから自分がどうみられているか」を客観的に把握することもできるようになる。互いの感じ方や考え方の違いを理解し、尊重しながら総合的に考えられるようになり、協調性をもって行動できるようになる。逆に、メタ認知能力が低いと、視野が狭まり、

「自分だけが正しい」と思い込んで相手に意見を押しつける傾向にある。

このようにメタ認知能力が高いと、ものごとを多面的・多角的にとらえ、寛容な態度で話し合い、互いに納得できる解を探せるようになる。

## ❸メタ認知能力の育て方

メタ認知能力は、大別して「セルフ・モニタリング（自己点検・評価）の機能」と「セルフ・コントロール（自己管理・制御）の機能」に分けられる。そこで、この二つの機能からメタ認知能力を育てるための手だてを示したい。

### セルフ・モニタリングの機能の高め方

メタ認知能力を高めるためには、まず、自分が普段の生活でなにげなくしていることに意識を向け、セルフ・モニタリング（自己点検・評価）することである。人は無意識のままにさまざまな行動をしているが、そうした自分の状況を少し上部から実況中継するような感じで、「いま、ここで何をしているか」に意識を向ける。例えば、テストのための勉強をする場合、「いま何を学んでいるか」「どんな気持ちで取り組んでいるか」を見つめる。自分の心身の状態がみえてきたら、「テストでどのくらいをめざすのか」「どんなところでミスをしがちか」「どうすればよい点がとれるか」を考える。このように自分の心理状態を静かに見つめ、その対策をとることができれば、目標を達成する可能性は格段に高まる。

**セルフ・コントロール機能の高め方**

セルフ・モニタリングを行った結果を踏まえて、今後の対策について具体的に考えることがセルフ・コントロール（自己管理・制御）の役目である。

例えば、学習面でセルフ・モニタリングをすることで、これまではテスト問題に急いで答え、うっかりミスが多かったことに気づいたとする。その場合、セルフ・コントロールして、「気を落ち着けて解こう」「問題をよく読もう」「ていねいに論理的に考えてみよう」「答案を見直そう」などの対策が考えつく。

**人とのつき合い方におけるメタ認知能力の育て方**

人との関係についても、まず、「自分は相手をどうみているか、どんな感情を抱いているか」に意識を向ける。次に、「相手は自分をどう思っているか、自分にどんな感情をもっているか」を想像する。そして、自分と他者の心理的状態や関係性を理解したうえで、問題状況を踏まえて「どうすればよりよい関係を築けるか」を総合的に考える。

例えば、これまでは、実直な友達に注意をされていらだち、仲よくできなかったとする。

そこでセルフ・モニタリングすると、「相手をねたむ自分がいた」「友達の意見を聞こうとしなかった」などに思いあたる。その場合、セルフ・コントロールして、「相手の話にも耳を傾けるようにする」「互いに納得できるやり方を考えよう」などの対策が思いつく。

肝要なのは、「いま、ここで、自分は何を感じ、考え、行っているか」を省みることである。そして、衝動的で感情的に偏った判断を主観的に押しつけるのではなく、より冷静な知性的分析を踏まえ、多面的に考え、判断できるようにトレーニングすることが必要である。

次に、友達がいじめられている場合も考えてみよう。セルフ・モニタリングで「すぐに助けたい」と考えるが、一方で「怖くて助けに行けない」「面倒なことにかかわりたくない」と考える自分に気づいたとする。ここで、ただ自分の臆病さや弱さを認めて自分を責めるだけでなく、セルフ・コントロールして、現実的な対応策もいろいろ考える。例えば、周りの人たちと一緒に注意をするとか、教師や保護者など大人の助けを求めることもできる。対策は一つではないので、みんなで最善策や次善策を探し求めることが大事なのである。

**メタ認知能力を育てる問いかけ**

問題の状況は多様であるため、すべてが同じようなメタ認知をして模範解決が出せるわけではない。しかし、メタ認知能力を応用して、子どもが自分を客観的に眺め、問題状況を正確に把握し（セルフ・モニタリング）、自分の考え方や行動を制御できれば（セルフ・コントロール）、目標の達成や対人問題の解決に大いに役立つ。

ただし、子どもは主観的・感情的・衝動的になりがちで、メタ認知することを忘れてしまうものである。そこで、教師や保護者は、子どもがメタ認知能力をどれだけ有しているかを理解したうえで、メタ認知できるように根気よく指導することが求められる。声がけの例をいくつかみてみよう。

「相手の立場で考えるとどうなる?」――問題場面において、自分の主観的な考えから脱却して、より客観的な考えをするきっかけとなる。

「別のやり方はないかな?」――多様な代替案を考えることができる。

「因果関係はどうなっているかな?」――原因と結果のつながりを考えることができる。

「過去に同じようなことはなかったかな?」――過去の自分の経験や体験をリソースに活用できる。

「一つ上の視点で考えるとどうなる?」――広範囲な視野に立って全体を俯瞰することができる。

「将来どうなりたいの?」――よりよき生き方や社会のあり方を思い描くことができる。

こうしたメタ認知を促す言葉がけ（問いかけ）により、子どもは視点を変えてメタ認知し、多様な見方・考え方ができるようになる。

## 第2節　自己理解力を育てる——自分自身についての学び

人間は子どもであっても自分の存在を理解し、自分の考えや行動を客観的にみて、自己を省察することができる。そこでの出発点は、まず、子ども自身が「自分をどのように考えているか」である。自己理解に関する用語には、自分のことを重要に思う「自己重要感」、自分を尊重（尊敬）する「自尊感情」、自分はやればできると思う「自己効力感」、自分を肯定的にみる「自己肯定感」などいろいろある。こうした自己をどう理解するか（評価するか）は、子どもの生き方や行動様式に大きな影響を及ぼすことになる。

一般的にいえば、自分を肯定的にとらえ、やればできると思っている前向きの子どもは、ポジティブで自信があり、主体的に考え判断し行動することができる。ただし、前述のように（二九ページ参照）、わが国の子どもたちは他国と比べて自尊感情、自己肯定感、自己効力感が極端なまでに低いという指摘もある。また、こうした自尊感情、自己肯定感、自己効力感が低いと、幸福感や気力も下がり、不安感や孤独感がわき上がってくる。どうすれば自己理解を深め、より肯定的で前向きになれるかを以下で検討したい。

## ❶自分の価値観を理解する

まずは、子どもが自分の思考と感情の傾向を理解できるようにすることである。自分を「後ろ向きだ」「意見を言えない」「遅刻魔である」「目標を達成できない」などと否定的に自己規定していると（そのようにイメージしていると）、将来においてその思いが現実化する。逆に、「私は前向きだ」「きちんと意見を言える」「時間を守ることができる」「目標を達成できる」などと肯定的に思っていれば、それもまた現実化する。

そうであれば、シンプルに自分で自分をよい方向に規定して、肯定的な自己イメージを築き直せばよいことになる。実際に、「集合時間の五分前に着席する」とか、「小さな目標を確実に達成する」ということを行動に移しているうちに、「自分は人から信用されている」「自分もやればできる」という自尊感情や自己効力感は確実に上がっていく。

## ❷他者暗示から脱却する

もともと子どもは好奇心が旺盛であり、興味や関心のあることには何にでも熱心に取り組むものである。しかし、周りにいる教師や親など影響力のある大人からマイナスの評価を与えられ続けると、こうした子どもの主体的な行動は、成長とともに徐々に抑制されたり消失したりすることがある。例えば、教師や親に叱られたり責められたり罰を受けたりしている子どもは、再び叱られることがないように行動を抑制するようになり、「自分は悪い子」「ダメな子」「自分には価値がない」「自分にはできない」と思い込み、ネガティブな自己像を徐々に強固に築き上げるようになる。

このように、人間は主体的に考え判断しているようであるが、過去の他者からの暗示によって無意識に考え行動していることが多い。そのことに気づき、新しい自己概念を自分自身の手で創り直すことが大切である。

## ❸ あるがままの自分を認める

子どもが好奇心にあふれた本来の自己を取り戻すためには、まずは、教師や保護者が子どもの興味や関心、感性や考え方をしっかり尊重することが大切になる。

子どもは自分の興味や考えを教師や保護者から無条件で共感的に理解してもらえると、安心するとともに自信を取り戻す。自分の努力や創意工夫が教師から認められたら、その活動を誇らしく思うとともに、その活動をしようと判断した自分を肯定するようになる。また、自分の活動を具体的に評価してくれた教師に共感を覚え、信頼を寄せるようになる。

重要なのは、「ほんとうは何に興味があるのか」「何をしているときが楽しくて有意義だと思えるか」「ほんとうはどのように生きたいのか」を子ども自身に考えてみるように促すことである。これにより子どもは、あるがままの自分を見つめ、自分らしさを認められるようになっていく。このように、子ども自身が対象に興味・関心をもったときに主体性が発揮され、心の底からわき上がる内発的な動機により、自分らしく創造的に行動できるようになる。

## 4 自分のよさに気づく

教師が子どもの「小さなよさ」を見いだし、認め、励ます声がけやフィードバックを行うことも、子どもがネガティブな自己像を克服していくうえでは大事な働きかけになる。

例えば、いつもは怠けてばかりいる子どもでも、勉強やスポーツに熱心に励むことがある。こうしたとき、「今日はがんばっていてかっこよかったね」「最後までやりきって立派だったよ」「君らしさが出ていたね」などと認めて伝えれば、その子どもはそうした自己を肯定し、それを自分本来の姿として受け入れ、前向きな態度になっていく。

また、いつもは自分本位な子どもが、友達を助けてあげたり、教師の手伝いを率先して行ってくれたりすることがある。この場面をしっかりとらえ、「友達思いのところがすばらしいよ」「君がいてくれて助かったよ」と面と向かって伝えれば、子どもはそれも自分の大切な個性や長所なのだととらえ直し、そうした言動を自発的に繰り返すようになる。

このように、自分のささやかな行為や例外的な行為を教師が肯定的にとらえて認めることは、子どもにとって誇らしい快い成功経験として残る。こうした小さくても肯定的な経験の積み重ねが、前向きな態度をじわじわと築き上げ、行動する勇気につながっていく。

## ⑤小さな成功体験を積み重ねる

自他ともに肯定される成功体験を積み重ねれば、だれでも自信がつき、人生に前向きになれるが、大きな成功ばかりをねらっていても、なかなか実現しないものである。その場合は、スモール・ステップで小さな成功体験を着実に積み重ねていくことが大切になる。がんばれば越えられる小さな壁を用意して、段階的な成功体験を積めるようにする。

スモール・ステップを行うためには、スケーリング（点数化）も有効である。例えば、一〇点満点で、〇点が何もできない状態、一〇点が完璧にできる状態とする。ここで現在は何点かを子どもに考えてもらう。仮にいまが六点なら、一点プラスして七点になるためにどうすればよいかを考える。いきなり満点をめざして子どもにプレッシャーをかけるのではなく、一点ずつの積み上げを大事にする。子どもたちも一点プラスなら「がんばればできるかも」と思えるので、子どものほうも積極的に努力するようになる。

こうしたスモール・ステップの成功体験は、ひと目で見て理解できるようにワークシートに書きためておき、ポートフォリオを定期的に振り返ることで、子ども自身が自分の成長に気づけるようになる。

## 6 ポジティブな自己像を創り出す

子どものもつ自己像が、過去に縛られた非常にネガティブなものであったり、人に非難されてばかりのものであった場合、自己嫌悪から子どもがそれを直視できない場合がある。失敗や問題行動も、子どもがよりよくなるための努力やプロセスであったことを認め、自分も他者も肯定してくれる自己像を創り出していくことが大事になる。

信頼する教師からほめられたり励まされたりすれば、心からうれしいものである。「がんばっているね」というあたたかい声かけや、「君ならできるよ」という励ましは、ＡＩにはとって代わることができない。そのような言葉に支えられて、子どもは心から前向きな態度になり、ポジティブな自己像を創り出すことができるようになっていく。

# 第3節 生き方（ライフスタイル）を考える——何のために学ぶか

教育活動における最も根本的な働きかけは、子ども自身が学びの中で人生の目的を見いだし、それを自らの生き方に結びつけることである。人間は、人生の目的や意味を見いだすと、考え方や行動も変わってくる。ＡＩは与えられた課題を解決するのは迅速で正確だが、人生の問題や生き方を判断できるレベルには達していない。

ここでは、「人間はいかに生きるべきか」「私はどのような生き方（ライフスタイル）をすべきか」という、人間の根本的な問題を考える力の育て方について考えてみたい。

## ❶ 人生の目的を見いだす

### マズローの欲求階層説

人生の目的を考えるとき、マズロー（A. H. Maslow）の欲求五段階説が参考になる。

**第一次欲求：生理的欲求**——人間は生きていくために、まず空気、水、食物、睡眠など生理的欲求を満たすものが十分に与えられていることを望む。

**第二次欲求：安全の欲求**――さきの生理的欲求が満たされると、次に人間は安全・安心を求めるようになる。具体的には、恐怖や不安から解放されることや、衣や住にかかわって安全で快適に過ごせることを欲求する。

**第三次欲求：所属と愛情の欲求**――第一の生理的欲求や第二の安全の欲求などのような生存的な諸条件が満たされると、今度は自分の居場所となる所属があることや、愛されることを求めるなど精神的な欲求が現われてくる。

**第四次欲求：社会的承認の欲求**――精神的な欲求でも単に所属があることや愛されるだけでなく、人よりも認められることや尊敬されること、自らが他よりも優れていたいという社会的な欲求が生じてくる。

**第五次欲求：自己実現の欲求**――自分らしく生きること、心が充実すること、本来の自己がもつ潜在能力を最大限に発揮したいとする欲求である（晩年のマズローは、第六の段階として「自己超越の欲求」も提唱している。これは自己を超え出たいという欲求である。ここまで辿り着くと、もはや無欲になろうとする究極の欲求でもある）。

**発達と欲求の段階**

ところで、子ども自身に「何のために生きるのか」という問いかけてみると、多様な意見が出てくる。初めのうちは、「おいしいものを食べるため」「安心・安全に生きるため」「よい仕事につくため」「お金を稼ぐため」「高い地位に就くため」などと身近なことを気軽に考える傾向にある。

「人生の目的」というとわかりにくい場合は、「どんなときが最も楽しいか」「ワクワクするのはどんなときか」「生きがいを感じるのはどんなときか」などと尋ねてもよい。例えば、「友達とたくさん遊べたとき」「むずかしい問題をやりとげたとき」「友達や恋人と旅行に行ったとき」「リーダーに選ばれたとき」などが出てくる。そして、そうした経験が自分の人生にどのような意味があったのかを考えはじめる。これらは自然な自分の欲望や本能的な欲求で、マズローがいうところの第一次欲求から第四次欲求までいろいろあるため、そのまま受け止めればよいだろう。

**夢や志に必要なもの**

その後、「自分のこと以外で人生の目的となることは何か」を聞いていく。するとしだいに、自分のためだけでない目的にも思いが及び、人の幸せや長期的な将来のことも考えるようになる。例えば、「家族を喜ばせること」「自分の得意なことをやり遂げること」「人の役に立てるようになること」「もっと住みやすい世の中にすること」など公共的なものにも発想がどんどん広がっていく。小学校高学年から中学生であれば、もっと直接的に「自分の使命とは何か」「自分の志は何か」などを問うこともできるだろう。このあたりで、マズローの欲求階層説でいう第四次欲求や第五次欲求が出てくる。こうしたものを「人生の目的」と関連づけると公共性が出てくる。

こうした公共性のある「人生の目的」がみえてくると、「これからの人生で何を成し遂げたいか」という使命感（ミッション）もわかってくる。人生において心に思い決めた目的や目標という意味で、「志」ということもできる。

このように、「何のために生きるか」という「人生の目的」が大前提としてあり、そのために「どのような人間になりたいか」という理想的な自己像を思い描き、「どのような仕事を成し遂げたいか」という使命感や志を明確にもてるようになる。自分の欲求や利益のためではなく、他者や社会や自己を超えた存在に貢献しようとする心意気が志となって心（魂）に火をつけると、内発的に動機づけられ、多くの困難をものともせずに行動できるようになる。こうした夢や志をもつと、それをかなえるために粘り強くやり抜くこと、心安らかに生きるために他者を思いやり共感的に理解し合うこと、狭小な自己を越えて成長するために社会に貢献することなど、多様な自己実現の目標が現れてくる。

## ❷ 自分の人生をデザインする

最近は「何のために学校へ行くのかわからない」「何のために勉強するのかわからない」という子どももいる。しかし、「何のために生きるか」がわかってくると、その目的を達成するために「学ぶ」ということがわかってくる。遠回りにみえても、子どもたちは「人生の目的」について深く考えることで、積極的に学習に取り組めるようになる。

それでは、いつ、どこで、どのように子どもたちは人生の目的について考えを深めるべきだろうか。これは年度の初めの四月の学級活動や道徳授業のときに設定するのがよいだろう。年度の初めは、子どもたちも気分を新たにして、将来の夢や希望を抱き、具体的な目標も設定しやすいからである。その時期に「自分は何のために生きているか」「今年度はどのように生きたいか」「〇年生としてどうなりたいか」「どのように成長したいか」を考えていくのである。

このように、「何のために生きるのか」という問いは、「何のために学ぶか」にも関連してくる。自分の人生全体に思いをはせ、人生の目的を果たすためにどう生きればよいかを考えることができれば、学習へのやる気も俄然生まれてくる。

# 第4節 目標達成能力を高める――計画力と実行力

人生の目的が明確になってきたら、それをかなえるために具体的な目標を設定することが大事になる。人生の目的は、まだ大きなビジョン（理想とする未来像）でしかないため、それを実現するには、具体的に行動するための中期目標や短期目標を設定する必要がある。

このとき、教師が目標を決めて与えてしまっては、子どもたちはただ教師の指示どおりに受動的に動くだけになる。子どもたちが自らの人生の目的を見すえて、自分の手で具体的な目標を創り出すために、主体的に考え判断し行動する力を高めることが肝要になる。

## 1 実行可能なプランをつくる

### SMARTの法則で目標達成を助ける

子どもたちが目標を達成するうえで役立つのがSMARTの法則である。この法則には諸説あるが、一般的な例を紹介する。SMARTとは、①Specific（具体的）、②Measurable（計測できる）、③Actionable（実践できる）、④Related（関連性）、⑤Time limited（時間制限）の五つの頭文字からできた造語である。ＳＭＡＲＴを目標達成に合わせて活用する。

①**具体的な目標にする（Ｓ）**――願望を漠然と語るのではなく、具体的に設定する。例：期末試験で成績を上げる、秋の県大会で三位以内に入る。

②**計測可能な数値にする（Ｍ）**――いつまでに何をどこまでやるかを決める。目標は数値化できれば達成地点がわかる。例：各教科で一〇点以上のアップをめざす。

③**達成可能なものにする（Ａ）**――子どもの能力や実績を踏まえ、努力すれば達成可能なレベルにしてやる気を高める。例：毎日二時間、試験前は一日三時間、学習する。

④**目的に関連している（Ｒ）**――目標を人生の目的や組織（学校、家庭、地域）の目的に関連づけると、内発的に強く動機づけられる。例：建築士になるという目的と関連づけて数学の学習をする。住人が幸せになる街並みの設計という目的と関連づける。

⑤**時間を制限する（Ｔ）**――集中して限られた時間にベストの成果を出せるように取り組む。例：定期試験の日までの一カ月とする。

**ＳＭＡＲＴの実践**

目標は紙に書いて携帯したり壁に貼ったりして、いつでも見られるようにしておく。朝夕に読み上げると効果が高まる。ＳＭＡＲＴの法則を使うことで、子どもたちは目標を立てるだけでなく、どれくらい達成できたか、どれくらいやればよいかを客観的に理解できるようになる。繰り返すなかで、いつまでに、何を、どこまでやればよいのか具体的に戦略を立てられるようになる。状況に応じて柔軟に対応し、改善や修正も適宜行う。

ＳＭＡＲＴ目標を立ててコンスタントに達成できるようになったら、三カ月や一年といった長期的な目標設定も可能になる。目標達成までの時期を長くする場合は、人生や組織の目的と関連づけ、日々その意義を大局的に確認し、モチベーションを維持する。人生や組織の目的と関連づけて将来の自分をありありと思い浮かべられると持続力も高まる。

## ②個別最適化した学びで学業成績を高める

これまで小・中学校では、教育課程の履修が優先され、学習分野の内容や技能が習得できているかは重視されてこなかったところがある。履修もれや落ちこぼれをなくし、確実に各教科の基礎・基本から発展的・系統的に積み上げられるように、個別にフォローする必要がある。このとき、第Ⅰ部第1章で示したＥｄＴｅｃｈを活用することができる。

例えば、成績で伸び悩む小学四年生がいたとする。まず、教育用ＡＩで総復習をひととおり行い、全体評価から学習課題を見いだしていく。算数では小数の割り算がうろ覚えで、国語では評論の文章読解でつまずいていることがわかった場合、その学習分野を集中的にスタディ・サプリなどの映像で個別授業を受けたり、教育用ＡＩのテキストで重点項目を学習したりして、最後に確認テストを受けて習得状況を確認し直すことができる。

また、優秀すぎて学校の学習に興味がわかない「吹きこぼれ」と呼ばれる子どもたちに対しては、教育用ＡＩ等を用いて先取り学習することも推奨されるべきだろう。

一般的にＥｄＴｅｃｈは、子ども一人一人のログ（学習履歴、学習評価、学習到達度など）を把握・分析することで個人に対応して個別最適化した学習計画や学習内容を提示する。こうしたスタディ・ログを積み重ねる形で保存しておけば、子どもの学習歴や学習効果を電子化して総括的に評価できるポートフォリオになる。個人の学習成果は、作文、自由研究の作品、レポート、プレゼンなどを「学びのポートフォリオ」として、「Ｋ－16プログラム」※を総括的に評価できるようにすると効果的である。これにより、教師は、子ども個々人の特性や強み（長所）や発達課題を理解したうえで、個別最適化した形で弱点を克服したり長所を伸長したりする支援をし、校種や学年を超えて学習環境を適切に調整することができる。

ただし現時点では、優れた教育用ＡＩは有料で、すべての子どもが活用できるわけではない。無料で使える教育用ＡＩを活用する場合も、簡単なドリルや確認テストのレベルで、学習効果はあまり見込まれない。充実した教育用ＡＩの導入と学習支援スタッフの充実により、個別最適化した学びの場をだれにでも提供できるようにすることが期待される。

※幼稚園（Kindergarten のK）から小、中、高校、大学までの期間をK－16と称する。K－16プログラムでは、幼児・初等・中等・高等教育の枠を超えて、教育の連結性や一貫性を重視し、子どもの資質・能力や発達に合わせて個別に学習を提供する。学校のほか、大学や企業、ＮＰＯなどから提供される独自のプログラムを選択して学べる。

## ❸ ＰＤＣＡで「できる」のサイクルを確立する

子どもが人生の目的とそれをかなえるための目標を設定したら、実践に移していく。目標をめざして努力を続け、その効果を確認しながら向上していくことができれば、「自分ならできる」と思えるようになる。この成功体験が自己肯定感や自己効力感につながる。

学習がうまくいっているかどうかの評価に活用したいのがＥｄＴｅｃｈのＰＤＣＡサイクルである。例えば、教育用ＡＩを使った学習がうまくいかないと評価される場合、達成できるように子ども自身が改善を加えるとともに、教師、親、友達からフィードバックを受ける。

学習目標を計画（Plan）し、学校や家庭生活の中で実践し（Do）、学習履歴を時間で記録し、学習効果を定期的にテストで検証し（Check）、学習成果をもとに次の項目に進んだり復習したりして、当初の計画を改善・修正する（Action）というサイクルで評価を行う。

大事なのは、必ずしも計画どおりに学習が実行されることではなく、その時々の子どもの学習過程や学習成果を検証・省察して、学習効果がない場合には、柔軟に計画を改善・修正することである。例えば、教育用ＡＩ等のＥｄＴｅｃｈを使って長時間学習しているにもかかわらず、問題がむずかしくて計画どおりに進まない場合、基礎・基本に立ち戻って復習したり、問題と解答を見比べて解法を理解しながら進めたりして進度を確認していく。

また、スポーツ大会で優勝をめざして猛練習をしたら、子どもたちが疲れ果てたり、けがをしたりする可能性もある。この場合、子どもの特性や発達課題、能力の限界を教育用ＡＩに理解させ、適度に休憩を加えたり、日によって訓練する部位をかえるなどトレーニング・メニューを柔軟に組んだりして、効果的に継続できる計画を練り直すことができる。

## ４ 困難な問題にはＯＯＤＡループを活用する

計画の遂行が複雑で対応がむずかしい場合は、ＯＯＤＡ《オーダ》ループを活用することもできる。これは、ジョン・ボイドが提唱した方法で、①状況の観察（Observe）、②方向づけ（Orient）、

③方策の決定（Decide）、④行動（Act）の頭文字からなる問題解決法である。
①**状況を観察する**――まず、自分の置かれている状況を冷静に観察する。例：自分の過去の数学の成績と、このままだとどの程度の点数を取ることになるかを把握する。
②**情勢を判断し方向づける**――次に、状況から情勢を判断して、方針と具体的な行動を決める。積極的に打って出るのか、消極的に回避するのか、関係を修復するのか、分かれるのかを決める。例：通常のやり方では数学でよい成績を取れないので、学習の仕方を変えるか、学習量を増やすか、他者の助けを借りるかを考えて計画を立てる。
③**方策を決定する**――ことの複雑さや危険性に応じて、複数の方策を考え分析し、最善策を決定する。例：早い時期に教科書の基本問題を理解し、応用問題も行う。できない問題は解法を確認し、再度取り組む。問題集にも取り組み、わからないところは解法をみて覚え、それでもわからなければ先生に聞く。試験までに全範囲を三回繰り返す。
④**方策を行動する**――実際に行動する。一つの行動をとったら、すぐにその行動の影響を観察する。結果がよければ継続し、よくなければ別の決定を下して行動する。
ＯＯＤＡループは必要に応じて密にしていくことで、より洗練された行動計画を立てて実施できるようになる。

# 第5節　思考面の問題解決能力を高める――問う力と探求する力

子どもは日常の生活を送るうえでさまざまな問題（学業成績の問題、人間関係の問題、進路の問題、人生の問題など）を抱えることになる。こうした問題は生きていくうえで大切なものであり、それらを乗り越えることで子どもはより成長できるようになる。それゆえ、教育の場ではそうした多様な問題を、子どもの成長を促す絶好の機会として有効に活用したい。

## 1 問題を発見する能力を高める

問題というと、一般には「よくないもの」と否定的にとらえられがちである。問題の中には、自分の欠点や弱点や他者との対立や不和があり、人生の逆境や試練などがある。こうした問題を扱う際に、一般的には原因を追究して、当事者の責任を追及することが多い。

たしかに問題の原因をはっきりさせ、責任の所在を明確にすることも大事であるが、いくら原因を突き止め、その当事者や責任者を批判したところで、起きた問題を解決することはできない。むしろ、過去に執着しすぎて、自分の行いを後悔したり懺悔したりして自己肯定感を下げたり、他者を責め立てて人間関係を悪化させたりすることさえある。それより、こうした問題を成長する機会としてポジティブにとらえ直し、未来に向けて具体的な解決策や予防策を考えられるように発想を切りかえたほうがいい。問題解決で重要なのは、問題を早期発見、早期対応することである。問題が大きくなると対応しきれなくなるからである。

## ２ 問題を解決する能力を高める

次に、問題の解決に取り組むが、ここで教師が課題を与え解決に介入すると、子どもは再び受動的な態度に戻ってしまう。教師が果たすべき役割は、子どもが主体的・多面的・創造的に考えられるようにヒントや示唆を与えることである。子どもが熟慮の末に行動して成功したら、努力を認め、さらなる挑戦に向かうよう励ます。主体的に判断し行動できることであれば、子どものやる気は持続し、それが成功すれば自己効力感をもてるようになる。

もし子どもが主体的な思考や判断ができないようであれば、その原因を一緒に考えて、再チャレンジを促したい。失敗や間違いがあった場合は、貴重な体験になったととらえて、次のチャレンジに生かすようにする。こうした経験を踏まえ、子ども自身が人生において成功・失敗したのは、どのようなときだったを熟慮できるようにすることが大事である。

子どもたちが問題に行き詰って、「どうしたらいいですか」と教師に聞いてきたら、「君はどう考えているの?」と聞き返して、子どもの考えを傾聴する。もしも、子どもの現在の能力を超える問題で困っているようなら、「こうした考えもあるよ」と助言や示唆を与えることもできる。また、成功している知人や先人、あるいは、身近にいるポジティブな他者（友達や先輩）がどのようにものごとに取り組んだかを一緒に振り返ってもよい。

しかし、子どもたちの中には、すぐに「わかりません」「できません」と言う者もいる。その場合は、「なぜそう思うの?」「こういうやり方もあるよ」などと一緒に考えてあげるとやる気を出してくる。子どもたちが問題を一面的にとらえていたり、短期的にみていたりして短絡的な答えを出すときには、教師が多面的な見方や長期的な考え方を示すこともできる。まずは問題を分析し、スモール・ステップで段階的に解決することもできる。いずれにせよ、問題の当事者の責任追及はせず、事や物に焦点を当てるようにする。子ども自身が事実関係や因果関係をじっくり見つめ、解決の手がかりを考えるよう促すことが大切である。

## ③ 他者と協働して問題解決する

グループで問題解決に取り組む場合は、通常の生活班（六人など）で行うよりも、異質な他者と協力して行うほうが有意義である。一般には、男女混合の四人グループが最適である。子どもが自分一人では解決できないことでも、異質の他者とチームを組んで、互いの強みを出し合うことで問題を解決できる体験をする。意見の異なる多様な子どもたちと交流するなかで、視野が広がるとともに人間性を豊かにすることができる。

子どもの多様性を生かすためには、初めは、ブレイン・ストーミングで問題の解決策を自由にたくさん出し合うとよい。例えば、教材『ロレンゾの友だち』を用いて、「旧友が都会で横領をして故郷に逃げ帰り、君に会いたいと連絡してきた。君はどうしたらよいか？」という問いが出たとする。まず、ブレイン・ストーミングで多様な意見を受けつける。この際のルールとして、多様な意見を尊重する、人を傷つける発言をしない、協力し合うなどを決めておくとよいだろう。次に、ブレイン・ストーミングで出た「警察に通報する」「逃亡をかくまう」「事情を聴く」など多数の解決策を比較検討して、互いに納得し合える最善解を創っていく。こうすると、善悪の短絡的な話し合いにならず、「事情を聴いて無罪なら〜、有罪なら〜」と場合分けするなど、議論が深まっていく。

こうした話し合いでは、個人がどれだけよいアイデアを出したかというよりも、全体の話し合いにどれだけ貢献したかや相互に学び合えたかを積極的に評価する。

# 第2章 これからの時代に必要な豊かな人間性をどう育てるか

Ｓｏｃｉｅｔｙ５・０時代には、ＡＩには対応できない非認知能力やＥＱ（感情指数、心の知能指数）のような人間性を豊かにすることこそが重要になってくる。本章では、こうした人間に特有の資質・能力として、何をどのように育て、人間関係能力や社会的技能を高めていくためにはどうすればよいかを具体的に考えていきたい。

## 第1節 非認知能力を育てる——社会で成功する力

### 1 非認知能力とは

「非認知能力」とは、主体性、共感力、やり抜く力（グリット）、回復力（レジリエンス）、柔軟性、自己肯定感、自制心、社会性、好奇心、想像力など多様なものが幅広く含まれている。この非認知能力は、学校のペーパーテストだけでなく、人生全般において発揮される資質・能力であり、まさに「よりよく生きる力」の中核になるといえるだろう。

もともと非認知能力は、ノーベル経済学賞を受賞したヘックマン（J. J. Heckman）の幼児教育の研究において注目された。ヘックマンによると、就学前教育を受けた子どもたちの中でその後に成績を伸ばしたのは、学習意欲が高い子、誘惑に勝つ自制心が強い子、難解な課題にぶつかったときに粘り強くやり抜く力がある子であった。この実験結果から、幼児教育において、知識があり計算が速くできる子どもたちよりも、学習意欲や自制心が強く、問題解決能力のある子どもたちのほうが大きく成長していくと考えられたのである。

さらに、こうした非認知能力の高い子どもを追跡調査すると、将来の進学や学歴、職歴、年収にも望ましい影響を及ぼしていると報告されている。それゆえ、子どもの非認知能力は、将来の幸福や成功のためにも重要とみなされている。

その他、非認知能力の高さは、学力向上に影響する、互いに尊重し合うようになる、学校・クラスの雰囲気がよくなる、人間関係が良好になる、安心・安全に過ごせるようになる、いじめ・不登校が減る、社会への貢献意識・参加意識が高まるなどともいわれている。

このように、非認知能力が高まるとさまざまな好影響を及ぼすとされているが、この資質・能力を、どの教科・領域でどう指導するかが、カリキュラム上の課題となっている。

## ❷ レジリエンスを高める

欧米で注目されている非認知能力の一つに「レジリエンス」がある。精神的・感情的・身体的な側面のどのような挫折からもすぐに立ち直れる能力を意味する。これは、従来は性格特性の一つと思われてきたが、育てることができる能力であることがわかってきた。

### レジリエンスを育むために

感情のレジリエンスを育むためには、次のステップを踏むことである。

①自分の心にあるネガティブ感情の反応を見つめる。

②パワーステイトメントでその反応をすぐに阻止し、その根っこにあるドロドロした感情を冷静に観察する。次に、その感情を否定したり転移したりするのではなく、そこに身を預けて存分に味わう。

③ネガティブ感情のエネルギーをポジティブに関連した感情に転換していく。例えば、恐怖の感情エネルギーを勇気の感情エネルギーに向けていく。怒りの感情エネルギーを献身の感情エネルギーに、情けなさの感情エネルギーを誇りの感情エネルギーに変えていく。このように、ネガティ

ブな感情のエネルギーをそれと関連したポジティブな感情エネルギーに転換したときの結果やその心理状態を想像してみる。

④新たなポジティブ感情をサポートし、古いネガティブな感情が再び現れるのを阻止する。ここでもパワーステイトメントを使って思い浮かべることができる。そこから実際に行動を起こして、再び先に進んでいく。こうした行動では、自分のことばかり優先するのではなく、他者やチームメートを優先することが求められる。他者のために何かをすることがポジティブな感情を生み、ポジティブな自己像を創ることができる。こうして前向きな弾みがつけば、より生産的で感情的にバランスのとれた新たなレベルに進める。

**レジリエンスをもつ精神的姿勢**

人間が生きていくうえでは、感情のレジリエンスを身につけるのがいちばんむずかしいといわれている。レジリエンスをもつためには、次の四つの精神的姿勢をもつ必要がある。

①**自尊心をもつ**――自尊心とは、自分に価値があり、人からも尊敬されていると感じる心の状態である。子どもは小さいころから他者に否定されるなどして、自己肯定感が低い可能性がある。まずは自身の内に潜んだ長所や強味を見すえることである。

②**他人に配慮する**――思いやりや奉仕の精神のあるほうが、心が安定してレジリエンスは

高まる。他者の面倒をみることを通じて生きる意味を見つけることができる。

**③ポジティブな考え方ができる**——ネガティブで悲観的な考えよりも、ポジティブで楽観的な考えのほうが感情のレジリエンスによい影響を与える。未来はよくなるという可能性を信じることができれば、主体的によりよい解決策を探そうという気になる。顕在意識と潜在意識の両方をもちいてピンチをチャンスに変えていこうとする。

**④自制心をもつ**——自己コントロール（自制心）をもつことができれば、揺るぎない信念をもって行動できる。この信念は人生の目的と合致している。自分の行動の目的が人生の背景にある大きな目的とつながっていれば、そこから力を得ることになる。自分の行動力の源にあるものが何であるかわかれば、実践意欲を持続的に保つことができる。

また、第3章第3節で述べる運動のほか、合唱や楽器の演奏、カラオケのような音楽系も、心身の健康によく、ストレス耐性や免疫力を高め、レジリエンスを養う効果がある。

## ❸やり抜く力（GRIT）を高める

近年、非認知能力の中で注目されているのが、「やり抜く力（GRIT）」である。この言葉は、Guts（度胸）、Resilience（復元力）、Initiative（自発性）、Tenacity（執念）の四つの単語の頭文字から成り立つ。ダックワース（A. Duckworth）は、「やり抜く力」を、多くの成功者たちにインタビューした研究成果として導き出した（ダックワース、二〇一六）。そこでは、成功したり偉業を達成したりするには、これまで重視されてきた才能やIQよりも、情熱と粘り強さを合わせもった「やり抜く力（GRIT）」が重要であるとしている。

**やり抜く力の高め方**

①**興味・関心をもつ**――自分が好きなものであれば、全力で楽しみながら取り組むことができ、情熱をもって継続できる。そのため、自分が何に最も興味を示しているかを見きわめる必要がある。それを探すためには、「何をしているときがいちばん楽しいか」「自分にとっていちばん重要なことは何か」「いちばんやりたくないことは何か」を考えることである。好き嫌いという感覚的な判断は、その子どもの才能に結びついている。好きなことがその子どもにとって重要なことであり、将来を切り拓くものになる可能性がある。好きなことに取り組み、自分で考え決定する感覚をもつことも大事になる。

②**練習する**――一つの分野で粘り強く努力し、少しずつでも上達すれば、それがやる気につながる。自分の興味ある分野でひたすら練習すれば、成長を実感できるようになる。自分の長所と短所、得意と苦手を見きわめ、改善すべき弱点を克服して、長所を伸ばす

ように計画を立てて練習することが大事になる。目標は、努力すれば届くくらいの少し高めに設定し、達成できるまで練習し続ける。一つの仕事をマスターするには一万時間かかるといわれているため、最後まで継続してやり抜くことが大事になる。

**③目的意識をもつ**――自分の行っていることは、意味のある重要なことであると自覚できれば、情熱をもってそれに取り組むことができる。自分の人生の目的にも関連し、社会にも貢献できると考えるとやる気が高まる。こうした「意義のある生き方がしたい」「人々の役に立つ生き方をしたい」という動機がやり抜く力の源泉となる。

**④希望をもつ**――困難なことに挑戦すると、失敗や挫折をしてあきらめそうになることもあるが、希望があれば最後まで粘り強くがんばることができる。仲間が少なく敵が多くて孤立しているときでも、将来の希望があれば、最後まで信じる道を突き進むことができる。希望をもち続けるためには、「自分は成長できる」「必ず成功する」「最後に救われる」と楽観的かつ前向きに進むことが必要となる。こうした希望をもっていると、どのような困難や逆境であっても粘り強くやり抜くことができる。

このような「やり抜く力」は、学力向上やスポーツのパフォーマンス向上にも役立つ。この力があることで、なにごとにも積極的かつ前向きに取り組めるようになる。

## 第2節 共感能力を高める――傾聴と信頼

ＡＩに人の心は理解できるか。表情などから感情を推測させることは可能だが、これでは人の心を理解したことにはならない。ＩｏＴが使用者に合わせて商品の購入を勧めてくるのも過去のデータから傾向を読み解いているだけで、人の願望を理解しているわけではない。人の心を理解することは、相手の心情を自分事のように感じ、考えられることである。これは人間特有の資質・能力であり、対人関係能力やコミュニケーション能力の土台である。

### ❶ 共感するための心得

人は、意識はせずとも、他者を評価・審判して、自分にとって、よい人・気に入った人であれば受け入れるが、悪い人・気に入らない人であれば拒絶する、となりがちである。そこで、まず、相手の言葉や行為を、よい・悪い、適切・不適切と審判することをいったんやめてみる。これが、相手と基本的な信頼関係（ラポール）を築くことにつながる。

次に、相手が自分とは異なる意見をもっている場合に、意見を改めさせようとするのではなく、その理由や背後の事情を理解して、相手の心情（喜び、不安、悲しみ、怒りなど）を共有しようとする。問題点を批判しようとせず、相手の心を理解することに徹する。

　第三に、相手がいろいろな考えを伝えてくれた場合、自分の中に流れている感情や思考を示して、「話を聞いて自分はこのように思う」とアイ・メッセージで示すようにする。互いに心を開いて、誠実かつ率直に話し合うことが信頼関係を築くことにつながる。

## ❷共感的に聴く技術

　共感とはどういうことかを教えることはむずかしいが、共感して聴くという行動は一種の技術であるため、学んで習得することができる。まずは教師が、子どもの話を共感的に聴くところから始めたい。ここでは、教師が子どもの言葉を共感的に聴く方法を説明する。
**①傾聴する**――話を聴くときには、うなずいたりあいづちを打ったりしながら傾聴する。非難したり自分の価値観で裁いたりせず、相手を理解しようとする姿勢が重要である。
**②共感的な理解を示す**――子どものよいところや共感できるところを見つけて支持し、感情交流を図る。例えば、「自分は何をやってもダメだ」と語る子どもに、「君はいろんなことに挑戦できる人だ」とフィードバックしたり、「試合には負けたけど、最後まであ

きらめずにがんばれたのは立派だったね」と励ます。相手を認める際は、具体的な事実に基づいて心を込めて支持する。共感的な理解を通して、相手がもつネガティブな自己概念をポジティブな自己概念へ転換し、多様な劣等感を取り除いていく。

③**実体験に基づく支持を示す**――子どもの悩みには、教師自身の実体験に基づいて支持する。「私も友達と仲たがいして困ったことがあったよ」と共感的にフィードバックをすると、子どもは「先生も同じことで悩んでいたんだ」と安心する。教師に同じ体験がなければ、「○○さんもレギュラーに選ばれずに悩んでいたけれど、練習して次の大会ではレギュラーを勝ち取ったよ」などと他者の経験や伝聞した経験に基づいて支持してもよい。子どもが人生の悩みに立ち向かえる勇気のわく言葉をかけたい。

④**相手の言葉を繰り返す**――子どもの言葉を繰り返すことで、相手の心のリズムに合わせることができる。また、子どもの言いたいことを短い言葉でまとめて、「○○さんは、～と思っているのね」と繰り返してもよい。これにより、子どもの自己内対話が促され、自身の気持ちを客観的に受け止められるようになっていく。これは、教師が話の内容を確認できるとともに、話を真面目に聴いていることを子どもに伝えることにもなる。

⑤**要点を明確にする**――ある程度まで話を聴けたら、「○○さんの言いたいことは、～と

いうことでいいですか」「要するに、～ということですね」などと話をまとめて、要点を明確にする。こうして問題点が明確になると、解決策もみえてくる。

⑥**相手の本心を言語化する**――子ども自身がうすうす気づいてはいるものの、はっきりと意識化できていない場合は、「ほんとうは○○さんのことが心配なの？」などと、子どもの気持ちを察して言葉にする。本心を洞察し、先取りして言語化するのである。

⑦**質問をする**――子どもが十分に話せない場合は、問題解決の糸口とするために教師がさまざまな質問をする。質問は子どもとの関係性の親密さに合わせて、簡単な質問からむずかしい質問へ変えていく。初めはイエス・ノーで答えられる簡単な質問（閉じた質問）が、子どもにとっても話しやすい。例えば、「今日は天気がいいね」「調子よさそうだね」などと話しかける。次に、会話が発展しやすいような質問（開かれた質問）にする。例えば、「～というのは、具体的にはどういうことですか？」と問いかける。

⑧**感想を伝える**――「○○さんが～と言ったことに、なるほどと思いました」などと子どもに伝える。感じのよい終わり方をして信頼関係を良好に維持し、次につなげる。

このような共感的に聴く技術については、子どもたち同士でペアを組み、定期的にトレーニングすると、コミュニケーション能力や人間関係能力が確実に高まっていく。

## 第3節 道徳性を育てる――価値観を育てる

人間が自己実現して社会的に成功したり、人間として幸福になったりするために大事にすべき道徳的諸価値がある。例えば、学力を高めたりスポーツでよい成績を上げたりするためには、誠実さ、規律、節度・節制、勤勉さが必要である。人間関係を豊かに築くためには、思いやりや友情、信頼や寛容が必要になる。集団や社会で行動するためには、規則の尊重や公正・公平、社会正義が不可欠である。また、生命尊重や環境保全、崇高なものを尊ぶ心も大事である。このように、時代が変わり、社会がグローバル化し、人々の価値観が多様になっても、人が生きていくうえでも人間関係を築くうえでも大事になる道徳や倫理が存在する。こうした道徳的諸価値が、子どもたちにとってどれほど大切なものか、これから生きていくうえでどれほど助けになるか、自分の資質・能力を最大限に高めるためにどれほど役立つかを伝えていくことも、教育の大切な役割である。

次に、いくつかの道徳的価値を取り上げ、なぜ子どもたちの人生にとって重要になるかを述べていきたい。

## ❶自尊心

道徳の根源には、自尊心あるいは自己重要感がある。自尊心とは、自分の存在には価値があり、それを人からも認められ尊重・尊敬されていると感じる心の状態のことである。

自尊心が低い子どもは、自分を重要とは思えなくなり、心が不安定で荒れやすい傾向がある。それまで親や教師から見放されていたり、繰り返し否定や非難をされたりしたことが原因として考えられる。この場合は、子どもの内にある長所を認め、その子どもにさまざまな可能性があることを気づかせて励まし、よりよく生きようとする意欲や勇気を奮い立たせることが大事になる。自分の尊さを深く理解することが、価値観をもつうえでぶれない自分をつくる軸となる。

## ❷感謝

私たちが人生において何らかの問題に向き合うとき、「困ったな」「嫌だな」「自分のせいだ」と思うことがある。そのようなネガティブな気持ちをもてばもつほど気分は落ち込んでいく。こうしたとき、支えとなってくれるのが感謝の念である。

自分が周りの人たちや社会に多くの恩恵を受けていることを振り返ると、あたたかくポジティブな気持ちが現れてきて幸せな気持ちになる。このように、感謝の念をもつと、快い気持ちになり幸福感が高まるとともに、ストレスが軽減され、抑うつ傾向や不安・恐怖の念も低下することがわかっている。こうした気持ちを生み出せる感謝の念を自分の心の中心においておけると、明日に向かう活力がわいてくる。

ワークとしてよく行われるのは、今日一日で感謝したいことを三つ思い出して書き出すものである。「なぜこのような出来事が生じたのか」「あの人（こと）のおかげだ」「ありがたいことだ」などとしみじみ感じ入る。こうしたことを一日の終わりに日記調で書くと、幸福感に浸って安眠できる効果もある。

また、こうした感謝の気持ちを相手に伝えてみる。面と向かって感謝を伝えられれば、相手も喜んでくれるだろう。顔を見て言うのが照れくさいようなら、手紙を書くのもよいだろう。口で言うよりも重みがある。相手が故人であれば、お墓参りでもよい。自然や崇高なものなら、静かに黙祷を捧げるのでもよいだろう。

### ❸ 思いやり

思いやりは、自分を尊重するのと同じくらい、他人の立場を尊重することから生まれる。

だから、自分を嫌っている人には、他人を思いやることはできない。思いやりのない人は、他人の中にも自分を見いだし、それを嫌悪しているのである。

他人の中に見いだした自らを許し、後悔や自己批判をなくすことで、自尊心が生じてくる。過去を後悔したり自己を批判したりしなくなって健全な自尊心をもてるようになると、他人をあたたかい目でみられるようになり、思いやりをもつことができるようになる。

そうした思いやりは、単なる軟弱さの表れではなく、人間としての強さ（タフネス）の表れである。己の敵にまで思いやりを示せる強さがもてるようになると真に強くなる。また、人を思いやって助けると、自己中心的な考えから抜け出すことができ、あたたかい気持ちになれて、自己重要感が高まる。そうして積極的に思いやりを示していると、周りの人たちからも思いやりのある言葉や行動を向けられるようになる。「情けは人のためならず」である。

## ④ 誠実さ

誠実さは、考えと行動が一致しているときに生じる。誠実さをもった人は、当然ながら他人から信用・信頼される。誠実さをもつためには、決めたことは最後までやり抜くことが大事である。口では立派なことを言いながら、行動が伴わなければ誠実とはいえない。また、その人が誠実かどうかは、危機的状況にあるときに特にわかる。危機のときに逃げも隠れもせず、率先して周囲を助けられる人こそが誠実な人であり、信頼に足る人である。

誠実になるために、求められる行動は、以下の五つである。

①**率直に話す**——嘘をつかないだけでなく、心にもないお世辞や批判を口にしない。

②**相手に敬意を払う**——そうすることで自分も敬意を払ってもらえる。

③**公明正大**——不正をしない、常に透明性を図ることである。もし失敗したり不正をしてしまったら、速やかにそれを認めて事態の修復を図る。

④**忠誠を示す**——けっして裏切らず、真心を尽くして奉仕することである。

⑤**責任を果たす**——率先して自分の言動に説明責任と道義的責任を果たすことである。

## 5 公共心

公共心とは、自分のことだけでなく、周りの人たちや社会のことを広く尊重し貢献しようとする態度である。こうした公共の精神をもって奉仕的な行動ができると、だれかのために行動できるため、自己重要感が高まり、自分の「生きる意味」を見いだすことができ、あたたかい気持ちがわき出て元気にもなる。自分のことだけ考えている人は、どうしても一人孤立して疲れ果ててしまうが、他人のことにも目を向けられると、内発的なエネルギーがより強くわいてきて、より活発に行動できるようになる。そして、自分が社会に与えた分だけ、自分も社会から与えられ豊かになることに気づくようになる。

こうした公共心は、単に社会に従属することではなく、社会に貢献することで公共的に自己実現を図ることになるのである。

これらの道徳的諸価値を子どもたちが深く理解できるように、学校では道徳教育が行われ、小学校では二〇一八年から、中学校では二〇一九年から、「特別の教科」として道徳授業が新しく教育課程に位置づけられた。この際、文部科学省は「読む道徳」から「考え議論する道徳」への質的転換を明示し、登場人物の心情を理解するのではなく、人生の諸問題を解決する力を子どもたちに育成しようとしている。前述した価値観を育て、真の道徳性を育成したいところである。

# 第4節 心理療法を活用して問題解決能力を高める――見方を変えて考える

人が抱えている問題は、他者との感情が絡んだ問題であることが多い。アドラー（Alfred. Adler）は「人生のあらゆる問題は対人関係の問題である」とまでいっている。そうした問題は、上述した共感的理解だけでは、実際に解決・解消できないことがある。

この場合、サイコエデュケーションでは、問題の質に合わせて心理療法（論理療法、認知療法、短期療法、物語療法等）を活用する。見方や考え方を見つめ直すことで、非合理的な見方や考え方を修正し、マイナスな感情や行動を改めることができるように支援する。大事なのは、考え方とその結果生じた感情や行動の因果関係を子どもに気づかせ、ゆがみやねじれを修正し、悪化した感情や行動の改善につなげられるように支援することである。

## 1 論理療法を活用する

エリス（Albert. Ellis）が創始した論理療法（Rational Therapy）は、思考（見方・考え方）を変えることで、感情を変え行動を変えていくことができると考える点に特徴がある。

## ABCDE理論

論理療法のプロセスを示すものにABCDE理論がある。各段階のイニシャルが名称に用いられている。まず、起きている出来事（Activating event：A）がある。これは現実の客観的な世界である。次に、その事実をとらえる考え方（ビリーフ Belief：B）がある。これは現象的な世界であり、個々人の主観的な判断によって異なる。第三に、結果（Consequence：C）として生じた感情や悩みがある。これは感情や行動にかかわる世界である。

出来事（A）は客観的なものであり、結果（Consequence：C）は論理的な帰結であるため、吟味すべき問題は、事実をとらえる考え方（B）になる。このBの主観的な考え方について話し合う（Dispute：D）ことによって、問題となる症状が消失したり解決したりする効果（Effect：E）につながる。

## イラショナル・ビリーフからラショナル・ビリーフへ

論理療法では、「合理的でまっとうな考え」をラショナル・ビリーフと呼ぶ。これは事実に基づく筋道の通った考えである。それに対して、「非合理的でゆがんだ考え」をイラショナル・ビリーフと呼ぶ。論理療法では、このイラショナル・ビリーフをラショナル・ビリーフに転換することをめざす。以下では、イラショナル・ビリーフにはどのようなものがあるか、それをいかにラショナル・ビリーフにするかを考えてみよう。

**①他者からの暗示**――例えば、「あなたは何をやってもダメね」などと親に言われ続けると、その子は「自分は何をやってもダメだ」と思い込んで、新しいことに挑戦しなくなる。周りの人（親や教師や友達など）から影響を受けて、自然に常識として身につけた考え方である。そこで子どもとの話し合いでは、「いままではうまくいかないことがあったとしても、これからもそうであるとは限らない。挑戦することでうまくいくこともある」と思えるようにする。

**②「～でなければ」という思い込み**――強迫観念にかられ、なにごとも「～しなければならない」と思い込んでしまう。例えば、初めは「一〇〇点取りたい」と思っていたが、だんだん「テストは一〇〇点を取らなければならない」と思い込むようになる。このように、初めは願望で「したい」と思っていたことが、後に「しなければならない」と思い込んでしまうこともある。ここでの話し合いでは、「一〇〇点取れるに越したことはないが、取れなくても仕方ない。次にまたがんばればよい」などとラショナルにとらえ直せるようにすることである。

**③「どうせ思考」**――例えば、「どうせ私なんていても意味ない」「どうせやっても無理だ」と思い込むことがある。こうしたネガティブな考えをしていれば、自己肯定感は下がり、何をやっても失敗する可能性が高い。ここでの話し合いでは、「あなたのことが大事だよ」「できるかもしれないから挑戦してみよう」と声をかけ、ポジティブな側面に目を向け、成功する可能性もみるように促すことである。

**④不当な（過度の）一般化**――例えば、「クラスのみんなが私の悪口を言っている」と悩む子どもがいる。しかし、そのクラスで事実を確認すると、実際にその子について話していた子はほんの少数で、それも悪口ですらないことがある。ネガティブなことを一般化しすぎて自分を追い込まないように、事実に基づいて対策をとれるようにする。

**⑤取り越し苦労**――「～するかもしれない。どうしよう」と悩んでいる場合である。しかし、悩みの多くは杞憂にすぎないことがある。例えば、「試験に落ちたら、人生終わりだ」と悩んでいる場合なら、「悩むより合格するように準備をしたら」「もし落ちたとしても人生が終わるわけではない」と語りかけ、冷静で気楽に考えられるようにする。

**⑥もち越し苦労**――例えば、「やるのではなかった。どうしよう」と後悔してしまう。しかし、過去は変えられないため、気分を切りかえ、将来に向かっていけるようにする。

また、過去の解釈を変えることはできる。例えば、「あのとき失敗したのはつらかったが、そのおかげで人間として成長できたからよかった」と切りかえることで、過去の嫌な体験を幸福感につなげることができる。

以上のように、人を悩ませているイラショナル・ビリーフをラショナル・ビリーフに切りかえることで問題解決をめざしていく。

**ビリーフを書きかえるための話し合いのポイント**

**①主人公は私**――だれもが「私の人生の主役は私である」と考えられるようにする。子どもは他者（親や教師や友達など）から影響を受け、いろいろな束縛を受けて、自分の本心を見失っていることがある。そこで、子どもが「ほんとうの自分」に気づき、他者からの束縛から解放されるようにする。

**②マイベストをめざす**――完璧主義ではなく、自分なりの最善（マイベスト）をめざす。「～に越したことはないが、ダメでも仕方ない」と少し気楽に考えられるようにし、肩の荷をおろして自分と他者を許せるようにする。

**③解決策を複数探す**――一つの解決策にこだわらず、別の可能性もいろいろ探し出す。多様な選択肢を行った結果どうなるかを考えて比較検討できるようにする。

④**因果関係に注目する**――悩んでいる人は「自分が正しい」「相手が悪い」と考えがちだが、その考えが正しいかよりも、その考えを抱くことで得られる結果を考える。相手を一方的に責めれば争いが激しくなり、関係者みんなが不幸になる。それよりも、自分の考えがどんな結果を招くか、それは自他を幸福にするかを考えられるようにする。

⑤**現在・将来に目を向ける**――問題解決をする際は、過去の失敗に目を向けるのではなく、現在の自分にできることや将来の希望に目を向ける。過去は変えられないので、後悔しか残らない。現在や未来は変えられるため、希望のある考え方が可能になる。

⑥**適切な感情を受け入れる**――対人関係の問題では、他者に対する強い感情がわいてくることがある。このとき、適切な感情（悲しみ、不満）と不適切な感情（憂うつ、絶望、自己蔑視）に分けて、前者は受け入れるが後者は抑制する。例えば、愛犬が亡くなった場合に悲しむのは適切な感情だが、「あの犬を失ったら私は生きていけない」と絶望するのは不適切な感情である。不適切な感情は膨張《ぼうちょう》しないよう意識して止める必要がある。

このように、抱いている考えがイラショナルかラショナルか、その感情が適切か不適切かを見すえて、合理的で幸福になれる気持ちに向かうよう支援することが重要になる。

## ２ 認知療法を活用する

論理療法と類似した考え方で、より現実的な問題解決をめざしてより能動的かつ指示的にかかわるものに認知療法がある。認知療法を提唱したベック（A.T.Beck）は、抑うつ傾向のある人がもつ否定的な考え方には、以下の三つがあることに注目した。

**①自己に関するもの**――「自分はダメだ、価値がない」と決め込み、自己肯定感を下げている。

**②世界に関するもの**――「周りの人が悪い、自分を悪く言う」と思い込み、対人関係を悪化させている。

**③未来に関するもの**――「これからもっと悪くなる、生きていてもよいことはない」と考え、将来に絶望してしまう。

このネガティブな考えは、自分の意思に反して浮かんでくるので「自動思考」という。自動思考をもっていると、多様な悩みや苦しみを生み出すため、認知療法を活用してその自動思考に気づかせ、誤りやゆがみを修正していく。次に認知療法の七段階を説明する。

**認知療法の七段階**

**第一段階　自動思考に気づく**――自分の自動思考を明確にする。困っていることや解決したい問題をはっきりさせる。例えば、①「学校の勉強がわからない」、②「友達とうまくいかない」、③「生きていても楽しくない」などの問題があることを自覚する。

**第二段階　問題に直面する場面を確認する**——どのような場面でその問題に直面するのかを具体的に調べる。例えば、①「算数の時間に問題がいつまでも解けなくてつらい」、②「掃除の時間に友達が悪口を言ってくる」、③「将来の夢を聞かれても、何の見通しももてない」などが特定できる。

**第三段階　自動思考と感情・行動を確認する**——その場でみられる自動思考とそこから生じる感情や行動について調べる。例えば、①「算数の問題がわからないと勉強するのが嫌になる」、②「友達から悪く言われて気分が悪いから自分も相手を悪く言う」、③「生きていても仕方ないから全部投げ出したい」などの感情や行動を確認する。

**第四段階　思考が感情・行動に与える影響を確認する**——その考えが本人の感情や行動にどう影響しているか調べる。例えば、①「算数の問題が解けないと自分には価値がないように思える」、②「友達が意地悪を言うので自分は楽しく過ごせない」、③「将来に希望がもてないから何もする気になれない」。こうした自動思考は、自分を追い込み、不快な気持ちにさせ、ネガティブな影響を与えていることに気づく。

**第五段階　自動思考が適切か確認する**——自動思考が適切か、自分の役に立っているかどうかを調べる。例えば、①「わからない問題があっても、自分に価値がないわけではない」、②「友達の言い方はきついけれど、悪気はないのかもしれない。少し注意されたくらいで、相手を悪く言い返すのもよくない」、③「いま調子がよくなくても、これからの将来がすべてよくないわけではない」。

**第六段階　「別の考え」を考える**——同じような問題場面で別の考え方ができないか調べる。例えば、①「わからない応用問題があるときは、わかる基本問題に戻ってやり直せばいい。先生や友達に解き方を聞いてみてもいい」、②「きつい言い方を改めるよう友達に言ってもよい。自分が相手に返す言葉も少していねいにしてみてもいい」、③「自分の夢だった仕事について調べてみる。いまからやれることを考えてみる」。

**第七段階　別の考えを実行した場合を考える**——別の肯定的な考えを具体的に実行したらどうなるか考える。例えば、①「問題の解法を見たり先生に聞いたりするとわかるようになる」、②「友達の立場を思いやった言葉をかけると、相手もそう返してくれる」、③「なりたい仕事を調べたらどんな準備をしたらよいかわかる」などである。

こうした認知療法では、子どもが自分の認知のゆがみに気づき、別の思考の可能性も考えて、行動を変容させていくことができる。子どもが思考と感情と行動を振り返るよい機会となるため、ワークシートやノートに書いて教師と交流できるようにするとよいだろう。

## ❸ 短期療法を活用する

従来のように長期にわたって内面を追求する心理療法（精神分析など）に対して、短い期間で現実的な問題解決をするために開発されたのが短期療法（ブリーフセラピー）である。この療法は手軽で短期間に効果が出るため、学校現場でも活用しやすい。

短期療法には三つの原則がある。①うまくいっている場合は、治そうとしないこと、②うまくいっている場合は、もっとそれをすること、③うまくいかない場合は、二度と繰り返さないで、何か違うことをすることである。これらはあたりまえのことだが、実際に悩んでいると、この逆をやりがちなため、しっかり原則をわきまえておきたい。

次に、この短期療法の五つの段階を示し、それぞれ解説を入れたい。

### 短期療法の五段階

**第一段階　悩んでいる問題を明確にする**――問題がわかればその課題もみえてくる。①「仲のよい友達とけんか別れした」、②「学校の成績が下がってきた」などである。

**第二段階　目標を明確にする**——上述した問題の中身を明確にし、そこに課題を見つけ、達成可能な目標を設定する。スケーリングを取り入れ、「完全を一〇点とした場合、いまは何点か」を考える。①の友達と仲がよく気分のよいときが一〇点であるとすれば、けんかしたときは三点と考える。そこで、現状に一点プラスした状況を想像し、「どうなりたいか」について途中経過のサブ目標を設定する。例えば、四点になれば、友達と会ったときにあいさつはできると考える。②の成績が下がった状態が三点なら、プラス一点の四点で「次のテストで各教科一〇点アップ」などと考える。

**第三段階　解決策をいろいろ考える**——ここで内的・外的なリソースを見つける。内的リソースは、自分の中の資質・能力である。例えば、問題解決に役立ちそうな自分の知識や技能を思い出したり、過去の経験を振り返ったりする。外的リソースは、助けてくれそうな人や物である。例えば、先生、親、友達、先輩・後輩、本、インターネットなどを通して助言を受けたり情報を得たりする。例えば、①なら友達との仲直りの仕方を教えてもらう。②なら部活と勉強を両立させる助言を受ける。

**第四段階　行動計画を立てる**——最終目標といくつかのサブ目標に分けるとよい。例えば、①「けんかした友達と仲直りする」のが最終目標なら、サブ目標として「機会を見つけて声をかける」「別の友達に仲をとりもってもらう」などの目標を立てる。②「部活と勉強を両立させる」ことが最終目標なら、「早起きして勉強時間を増やす」「テスト前の二週間は計画を立てて勉強に専念する」などのサブ目標を立てる。

**第五段階　自己評価する**――ある一定期間、努力して自分の問題が解決できたかを自己評価する。最終目標を達成できたか、サブ目標をクリアできたか、自分なりに振り返る。うまくいっていればそれを続け、問題の解決に効果がなければやり方を変えて改善する。

このように、自分の考えや行動についてワークシートやノートに書き出すことができれば、自分なりに成功の法則や問題解決の方法を見いだし、習得することができる。

**問題解決の三つのヒント**

**①例外を見いだす**――問題のないときや状況を見つけ、そのときは何がよかったかを考え、問題が解消・解決するパターンを見いだす。例えば、①「共通の目標をめざしてがんばっていたときはけんかしてもすぐ仲直りできた」、②「部活で大変でも、早起きして勉強していたときは成績もよかった」などである。

**②未来志向になる**――このとき、ミラクル・クエスチョンを使うと効果的である。例えば、「もしも奇跡が起きて問題がすべて解決したらどうなるだろう。周りの人はどう変

わるだろうか」と自身に問いかける。すると、将来の成功体験を前向きに予想できるため、解決の手がかりをつかめる。例えば、①「明日、学校に行くと、前と同じように友達と声をかけ合える」、②「計画を立てて気分を切りかえると、部活も勉強もがんばれる」などである。こうして成功イメージを広げ、実現の可能性を前向きに考える。

③**問題を外在化する**――自分の弱さを見つめて、問題のある性向を外在化して客観的に眺める。例えば、「ジコチュー（虫）のせいで友達と仲たがいした」「僕の怠け虫が勉強しない言いわけをしている」などと考え、外在化した性向を修正する。

## ❹ 物語療法を活用する

物語療法（ナラティブ・セラピー）では、人間の人生や人間関係は個人やコミュニティが自分たちの経験に意味や価値を与えるためのストーリーによって形づくられると考える。そこで、人の語るストーリーという形で問題を出してもらい、語り手と聞き手が物語を通して相互に影響し合い、物語が変わっていくことで、見方や考え方を変えていく。

物語療法を問題解決学習と関連づけることで、次のように理解することができる。

**第一段階　語る**――自分や社会のストーリーを語り、生き方や社会のあり方に含まれる意味や価値を考える。そこに葛藤や対立を見いだし、自分の生き方や社会のあり方に不自由さ・不完全さを見いだす。

**第二段階　気づく**――自分の生き方や社会のあり方は、ストーリーを書きかえることで改良しうることに気づき、古くて慣習的な生活様式や社会制度にかえて、希望のある改善策を自由に考える。

**第三段階　協働探究する**――さまざまな人間の生活様式や社会の統治様式を調査し、より自由で民主的な生き方や社会を協働探究する。全体で発表し議論するなかで、希望のあるストーリーを修正してビジョンを構想する。

このような問題解決学習をすると、子どもたちは現在とは異なる代替可能で希望のあるストーリーを考え議論することができるようになる。

第Ⅰ部で子どもたちは自己肯定感が低く、国家に希望をもてないでいることを指摘したが、こうした物語療法を道徳科などに応用することで、肯定的な自己を創り直し、国や社会に希望をもてる子どもたちを育てることができる。

## ５ 内観法

内観法は、吉本伊信によって開発された修養法で、近年では自己探求法や心理療法として使われることもある。この内観法を國分康孝が簡易化して教育用につくりかえたのが、簡易内観法である。簡易内観の方法は、基本的に「人にしてもらったこと」「して返したこと」「人に迷惑をかけたこと」の三点について考える。

例えば、対象を母親に設定して、「母にしてもらったこと」「母にして返したこと」「母に迷惑をかけたこと」を考える。内観して一つ一つを書き出してみると、母にしてもらったことがあまりに多いことに驚く。逆に母にして返したことがあまりに少なく、母に迷惑をかけたことがあまりに多いことにも気づくことになる（母親に対して内観し終えたら、父親、兄弟姉妹、先生、友達、昔お世話になった人などについても調べていくことができる）。

内観を通して、自分は身近な他者から多くのことをしてもらっているが、相手にお返しをしていないこと、多くの迷惑をかけてきたことに気づく。深い内観が行われると、他者（特に母）の愛情が具体的な情景とともに浮かんで強い感謝を感じ、同時に自己の罪悪感をもつようになる。内的経験はすべて事実に基づくため、やんちゃな子どもでも深い感謝と喜びに包まれて、これまでの不平や悩みから開放され、人格の変容がもたらされることがある。

第3章

# これからの時代に必要な健全な行動力をどう育てるか

サイコエデュケーションでは、学力と人間性と行動力を総合的に育てようとする。この順番でいえば、健全な行動力の育成がつけたしのように最後にくるが、実はこの側面こそが、Society5・0時代の教育にはますます大事になってくる。というのも、サイバー空間において思考レベルでは「どうすべきか」がわかり、感情レベルでも「どうしたいか」が感じられるが、実際のフィジカル空間においては行動レベルで「どうすればよいか」がわからないということがよくあるからである。

これは頭と心と体がバラバラになっており、本来の意味で思考と感情と行動が連動していないからである。仮想現実の世界で頭は成熟しても、行動は未熟ということはよくある。こうした自己の機能不全を克服するためには、行動力を直接指導することが有効である。行動（体験）を通して思考や感情に影響を与え、自己全体を調和させていくのである。

# 第1節 行動療法を活用する――行動を変えてみる

人間の行動的側面に働きかけて、頭と心と体を統一することに役立つのが、行動療法である。子どもの不適応の状態を改善したり消失させたりするために用いられる。

そもそも行動療法においては、「問題」とは、子どもが不適切な習慣を獲得した結果としての状態であるか、子どもが適切な習慣が獲得できなかったために生じた状態ととらえられる。したがって行動療法では、行為や習慣の改善に直接的に働きかけることで、不適応を起こしている行動を変容し、適応した行動を促進することに役立つ。

行動療法には、古典的条件づけを応用したもの（例えば、系統的脱感作法）、オペラント条件づけに基づくもの、社会的学習理論に基づくもの（モデリング）などがある。また、第Ⅱ部第2章で取り上げた論理療法や認知療法も、問題解決の後半部では行動療法を取り入れることで効果を高めることができる。第Ⅰ部第3章で取り上げたライフスキルや実践的技能のトレーニングでも、こうした行動療法を応用しているところがある。

## ❶ 行動療法の五段階

**第一段階　現状を分析する**――問題のある状況について情報を収集して、現状を分析することから始める。子どもと一緒に問題状況や発生した経緯を明確に把握する。

**第二段階　原因を究明する**――具体的に変えるべき行動やその行動を生じさせている条件や原因を見つけ出す。問題の原因が正確に見つかれば、その対応もしやすくなる。

**第三段階　目標を設定する**――問題を解決するための目標を立て、それが成功する可能性があるかを検討する。成功体験を得てポジティブな態度になるためにも、実行可能な目標を設定する。

**第四段階　計画を立案する**――目標を達成するための計画を立てる。具体的にどの行動から支援するか、どのような手段を用いればよいかを検討する。支援策を仮説として立て、その結果がどうなるかをシミュレーションする。

**第五段階　効果を検証する**――自分の行動で効果を検証してみて、コントロールする技術を習得する。こうして子どもと一緒に問題行動を振り返り、それを克服する目標を立て直して、行動し直し、具体的に望ましい方向へと導いていく。

最終的には、子ども自身がこの五段階を自分で実践できるようにすることが望まれる。

## 第2節 ソーシャルスキルを習得する――人とうまくつき合う

ソーシャルスキルとは、円滑な対人関係を営むうえで必要となる社会的な技能のことである。

従来は、子どもが問題行動を起こすと、その子どもの性格や内面的資質に原因があると考え、それを批判して矯正しようとする傾向があった。このように、子どもの性格や資質に問題があるとみなして対応すると、そのレッテルを後ではずすことがむずかしくなる。

それに対して、ソーシャルスキルのトレーニングでは、問題行動を認知の仕方や行動の仕方に原因があると考え、それらを修正・調整することで問題が解決できるととらえる。対人関係の問題において、人が適切に行動できないのは、頭で考えていることが観念的で抽象的なため、それを具体的な行動へと転換できないためであるとみる。

例えば、友達がいなくて孤立している子どもに、「友達をつくりなさい」「友達と仲よくしなさい」と指導しても効果がない。それよりも、「どうすれば友達関係をつくれるか」「どうすれば友達と仲よくつき合えるか」についてその子と一緒に考え、話し合い、具体的なスキルを獲得できるように支援すれば効果がある。

このように、頭で考えていることを行動するためのスキルを身につけ、実際の問題にも対応できるようにするのが、ソーシャルスキル・トレーニングである。適切な行動が身につくと、対人関係もより良好に築けるようになる。

また、問題場面を提示して、どうしたらよいかを考えるスキルトレーニングもある。例えば、「友達がいじめられている場面」を提示する。次に、みんなでどのようにしたらこの友達を助けられるかを考える。このとき、さまざまな解決策をソーシャルスキルとして考えて、それらを役割演技（ロールプレイ）で行ってみてその効果を吟味し合う。

このように、ソーシャルスキルを行う体験学習を通して人間関係を良好に改善することができるようになる。

ソーシャルスキルをトレーニングすることで、子どもが自らの考え方や生き方を深く見つめ直す機会となり、行動を変容することに役立てることもできるのである。

## 第3節 運動して身体的能力を高める――快適な体を保つ

運動をして身体能力を高めることが心身の健康によいことは、科学的にも実証されている。近年では、ゲームやスマートフォンの画面を見るスクリーン・タイムの増加に伴い、運動時間が減少している。小五と中二を対象としたスポーツ庁の全国体力調査（二〇一九年）によると、体力合計点がいずれも大幅に低下し、特に、小五男子は五三・六％で過去最低であり、平日のスクリーン・タイムが五時間以上と回答した児童が一五・六％となった。スクリーン・タイムが長くなるほど、体力は低下し、肥満傾向が高まって病気になりがちであり、自己抑制がきかなくなって怒りなどの感情を抑えられず、問題行動を起こしやすいことも知られている。

心身のバランスを整えるための運動としては、軽いジョギングや水泳のような有酸素運動と短距離走や筋トレのような無酸素運動を適度に組み合わせることが推奨される。また、ダンス、ストレッチ体操、ヨガ、散歩といった簡単な運動でも十分に効果がある。運動後は心身がスッキリして楽になり、自己制御力が働き、ストレス耐性や免疫力が確実に上がる。

# 第4節　セルフアサーションを高める——対等に自己表現し合う

## 1 セルフアサーションとは

セルフアサーションとは、直訳すると「自己主張」であるが、単に自分の意見を言い張るのではなく、相手の主張も尊重したうえで、自分の意見や気持ちを率直かつ誠実に伝えることである。人間関係を良好に構築するために、自分と他者を尊重し、その場や状況にふさわしい形で自己主張できるようにすることは非常に重要になる。セルフアサーションをするためには、自分の考えや気持ちをはっきり理解する力、それを相手にわかるように表現する力、相手を尊重しながらコミュニケーションする力が必要になる。

自己主張の仕方には、自他を尊重するか否かで、以下の四つのタイプに分けられる。

**自己主張の四つのタイプ**

①**攻撃的**——自分だけを尊重して相手を尊重しない仕方である。「私はOKだが、あなたはOKではない」と考え、自分の考えや気持ちや権利を主張し、相手の意見や気持ちや権利などは無視（軽視）するため、傲慢で嫌われるタイプである。

**②非主張的**――相手は尊重するが、自分は尊重しない仕方である。「私はＯＫではないが、あなたはＯＫ」と考え、相手の言い分ばかり優先して、自分の思いや権利をうまく伝えられないため、弱気で後悔するタイプである。

**③自分も他者も否定**――「私はＯＫではないが、あなたもＯＫではない」と考え、自分も相手も批判するため、破滅的な人間関係になる。

**④自分も他者も肯定**――「私はＯＫであり、あなたもＯＫである」と考え、相手の気持ちも尊重しながら、自分の考えや気持ちを率直に伝えられるタイプである。

めざすのは、当然ながら④の自他を肯定する自己主張である。これを体験的に学習するセルフアサーション・トレーニングを以下に三つ示したい。

## ２ やさしくＮＯを言うトレーニング

日本人はＮＯを言うのがへたであるといわれることがある。それは相手の要求を断れば、相手の気分を害して人間関係を壊すことになりかねないと考えるからである。力関係で強い者から何か要求されれば、断りにくいところもある。その際に、適切な自己主張ができれば、人間関係を良好に保ちつつ自己肯定感を維持することもできる。

やさしくNOを言うトレーニングを紹介しよう。

二人一組をつくって、ジャンケンをし、勝ったほう（A）が相手に無理難題を言い、負けたほう（B）がやんわりと否定する。相手の気持ちを汲み取りながら、自己の言い分もきちんと主張する。「あなたの言うことはわかりますが、私には私の考えがありますので、私のしたいようにしたいのです」という気持ちを込める。勝ったほうは、もう一度、相手を説き伏せようと無理難題を言い、負けたほうは再び冷静に毅然とした態度で自分の言い分や事情を伝え、代替する案を伝える。

例えば、AがBに「掃除当番を代わってくれ」と言ったという設定にする。Bはいつもは何も言えずに引き受けてしまうが、今回は家族と先約があるので断りたいというとき、BはAにどう言えばよいか。まず、BがAに自分の事情を説明する。「できるなら代わってあげたいけれど、今日は家族との約束があって早く帰らなければならないんだよ」と伝える。次に、BがAに代案を出す。「今日はほかの子に相談してもらえないかな」「班長や先生に相談して掃除の日程を変えてもらってはどうだろう」などと伝える。

このように一方的にBが依頼を断るだけでなく、Bがその代案を出すことができれば、相手にも配慮することになり、その後も良好な友人関係を保つことができる（その後、ジャンケンの勝ったほうと負けたほうが役割を交替して同じことをする）。

## ❸お願いをするトレーニング

また、お願いをするセルフアサーション・トレーニングもある。

まず、二人一組をつくりジャンケンをし、勝ったほうのAが相手のBに「〜してくれないか」と頼みごとをする。頼まれたBは理由をつけて断る。断られたAもまた頼む。Bは別の理由をつけて断る。これを繰り返して、ある程度の妥協をして五回目にはBがAに「よし、わかった。その願いをかなえてやろう」と言う。ずっと断り続けると人間関係が悪化してくるので、最後は成功体験（互いに納得できるところ）で終わる。一つ例をあげよう。

①Ａ「その本、貸してよ」、Ｂ「いま読んでいるから嫌だよ」
②Ａ「僕もすぐ読みたいんだ」、Ｂ「自分で本を買えばいいだろう」
③Ａ「調べものをしたいから、少しだけ貸してよ」、Ｂ「僕も調べているから後にして」
④Ａ「すぐ返すから貸してよ」、Ｂ「僕も急ぐから」
⑤Ａ「一時間後に一〇分だけ貸してくれないか」、Ｂ「それならいいよ」（部分的に受け入れる）

## 4 エンプティ・チェアの応用

エンプティ・チェアは、カラの椅子に相手が座っていると思って役割演技するものである。本人を前にしては言いにくいことでも、椅子に向かってなら言うことができる。

①自分が相手に言いたいことを言う。②相手側の椅子に移動して、その質問に答える。ここでは相手の立場になって、相手が考えそうなことを思い浮かべて話す。③元の椅子に戻って、相手の意見に対する自分の主張を伝える。このように一人二役を繰り返して、両方の立場で話し合う。以下に、実際に中学生が行った事例を示したい。

生徒A「僕の悪口を言うのをやめてくれないか。とても嫌なんだよ」
椅子B「悪口なんて言ってないよ。いつも仲いいじゃないか」
生徒A「そんなことないよ。いつもみんなの前で僕をからかっているじゃないか」
椅子B「それは冗談だよ。ちょっとふざけただけだろう」
生徒A「それが嫌なんだよ。みんなに笑われて恥ずかしいし、つらかったんだよ」
椅子B「そんなに気にしていたのか。悪かったな。これから気をつけるよ。ごめん」

このように一人二役をすることで、いつもは言えない自己主張を体験できると同時に、相手の言い分も理解しながら互いに納得できる解決策を提案する練習ができる。

# 第5節 リラクゼーション法を活用する――緊張をほぐす

学校生活で勉強に運動にとがんばっている子どもが、がんばりすぎて心身の調子を崩すことがある。優等生症候群のように、周囲の期待に応えようとがんばってきた子どもが疲れ果てて無気力状態になることもある。「無理をせず落ち着けば大丈夫」と頭ではわかっていても、神経がはりつめすぎると体がそれにうまく反応できず、リラックスできない状態になることがある。ここでは、そんな子どもたちが緊張をほぐすための方法をみていこう。

## 1 自律神経と脳波からみる心身の状態

自律神経とは、内臓の働きや代謝や体温などの機能をコントロールするために働く神経であり、交感神経と副交感神経の二種類がある。昼間や意識的に活動しているときに活発に働いているのが自律神経で、夜間や安らいでいるときに働いているのが副交感神経である。交感神経が強く働くと、血圧が上がり心拍数が増え、心と体が興奮状態になるが、副交感神経が優位に働くと、血圧が下がり心拍数が減り、心と体は休息状態になる。

交感神経と副交感神経がバランスよく働いているとき、自律神経は調子よく働く。しかし、交感神経が高ぶりつづけ、副交感神経が働かなくなると、自律神経が乱れてきて体調を崩すことになる。これがいわゆる自律神経失調症である。

何かにがんばりすぎて疲弊したりストレスを強く感じたりしたら、自律神経が乱れないようにするためのリラクゼーションを覚えておくと、心身ともに健康でいられる。

脳波をみると、不安や心配事があってイライラしているときはベータ波になっており、怒りが高まり緊張してくると、ガンマ波が出てくる。こうした状態は精神衛生上よくないし、人間関係もうまくいかず、パフォーマンスも低下してしまう。ベータ波やガンマ波を抑えて、心穏やかに精神状態をよくするには、リラクゼーション法によって脳波をアルファー波に近づけるとよい。そのための方法としてリラックス法をいくつか紹介する。

## ❷ 体を緩める

頭や心をリラックスさせるためには、まず体からリラックスさせていくとよい。

何かに集中して緊張すると、首周りの血流が悪くなり、体が硬直してくる。こんなときには、何も考えずに首を右回りにゆっくり二回、左回りにゆっくり二回まわす。

**筋弛緩法（ジェイコブソン法）のやり方**

これは、プロのアスリートも本番前によく行う、リラックス法である。

・手のひらでグーを強く握って、パッと広げる。左右の手で五～六回行う。
・肩に力を入れてグッと上に持ち上げて、パッとおろす。三～四回繰り返す。
・片足を軽く上げて、足首の力を抜いてブルブル震わせる。左右一～二回行う。
・片足のかかとを浮かせ、つま先を支点にして、五～六回まわす。

また、大きく背伸びをすることも、リラックス効果が高い。

## ❸ 姿勢を整える

人は緊張したり疲れたりしてくると、猫背になって姿勢が悪くなり、全体的に血流が滞っていく。顔を上げ、あごを引いて、肩の位置を少し後ろにして、胸を開くとよい姿勢になる。このとき、少し腰骨を立てることに意識を向けるとよい。

よい姿勢になるトレーニングとしては、壁に背中をつけて、後頭部、肩甲骨、腰（尾骨）、かかとの四カ所が一直線になるようにする。壁がない場合は、頭頂部を天から引っ張りあげられているようなイメージをすると自然に姿勢がよくなる。

## ❹呼吸法

人は緊張すると肩に力が入り、胸で浅く呼吸するようになり、息が速くなってくる。緊張している子どもは肩が上がり気味である。こうした状態のときは、胸式呼吸になり、浅くて速い呼吸になっているため、交感神経が高ぶり、緊張感やイライラが高まってくる。また、一般的に、息を吸うと交感神経が高まって緊張し、息を吐くと副交感神経が高まってリラックスする。落ち着くためには、浅い胸式呼吸から深い腹式呼吸に切りかえるとよい。普段から腹式呼吸を心がけてゆっくり息を吐くようにするとリラックスできるようになる。

**腹式呼吸のやり方**

①おなかのあたりに手を置き、おなかから空気を絞り出すイメージでゆっくり息を吐く。
②鼻からゆっくり五秒くらいかけて息を吸う。おなかが膨らむのを確認する。
③おなかに空気を入れて膨らませた状態で五秒間とめる。
④およそ一五秒かけてゆっくりと長く吐くようにして、おなかをへこませていく。

　これをゆったりしたリズムで三回ほど繰り返す。

子どもがスピーチの練習をするときにも、腹式呼吸を心がけると、緊張せずに落ち着いて話ができるようになる。

## 5 マインドフルネス瞑想

心を落ち着かせるためには、瞑想（メディテーション）も効果的である。勉強しながらスマートフォンで音楽を聴き、ＬＩＮＥでメッセージを送る。こうした多重化したサイバー空間から抜け出て、ほんとうの自分に気づき、それを深めていくのに瞑想は有効である。

瞑想というと、古い伝統的な仏教の修行法を連想させるが、近年ではアメリカの研究者がマインドフルネス瞑想と名づけて広めている。これは、グーグル、インテル、ゴールドマンサックスといった欧米の有名な企業の社員研修にも取り入れられ、現在では学校でも積極的に取り入れられている。

マインドフルネスとは、英語では「気づくこと」「意識すること」を意味するが、マインドフルネス瞑想は、思考よりも五感の印象に意識を集中することに重きを置いている。

グーグルのＳＩＹ（Search Inside Yourself：マインドフルネスに基づくプログラム）によれば、瞑想は、単にストレス解消やリラックスをするために行うのではなく、自己発見、望ましくない情動の統制、回復力の鍛錬、他者への思いやり、共感的な傾聴、善良さの増大にも効果があるという。幸福学を提唱するエイカー（Shawn. Achor）によれば、こうした瞑想を続けていると、幸福感を感じる左前頭葉前部皮質が普通の人よりも発達してくるという。

### マインドフルネス瞑想のやり方

五感を落ち着かせて、腹式呼吸を繰り返し、リラックスした状態で以下の手順で行う。

①軽く目を閉じて椅子に楽に座るか、あぐらをかく。座骨で座ることを意識し、腰骨を立てて座る。背骨をまっすぐにし、首や頭が伸びている状態にし、適度にあごを引く。

②目を閉じて手のひらがどこにも触れないように上向きにして、五感を落ち着ける。

③呼吸に意識を向けながら、ゆっくり深い腹式呼吸を繰り返す。心を整え、呼吸のリズムに集中する。雑念を払い、穏やかで楽しい気分で、「いま、ここに」存在することを意識する。「感謝や親切な気持ちで、人と仲よくつながるイメージ」をもつことがポイントである。

学校で活用する場合は、五～一〇分程度でもよいだろう。慣れてきたら少しずつ時間を伸ばすこともできるし、歩行時やバスや電車の中で行うこともできる。テストや試合の前や実施中に心を落ち着かせ、パフォーマンスを高めることにも活用できる。

## 6 自律訓練法

自律神経の乱れを整えるためには、ドイツのシュルツ（J. H. Schultz）が開発した自律訓練法（Autogenic Training）が有効である。これはストレスや緊張からくる身体症状を緩和し、心身ともにリラックスさせ、自律神経のバランスを回復させる治療法として定評がある。緊張したり、不安になったり、怒りたくなったときに行うと効果的である。

自律訓練法の基本的な流れは次のとおりである。

①自分がリラックスできる体勢をとって体の力を抜き、目を閉じて「気持ちがとても落ち着いている」「とてもよい気持ちだ」などと自己暗示をかけ、リラックスする。

②重量感を感じる暗示をかける。「右手が重い」「左手が重い」「右足が重い」「左足が重い」と順にイメージし、それぞれの手足の力を抜いていく。

③温感を感じる暗示をかける。「右手が温かい」「左手が温かい」「右足が温かい」「左足が温かい」とイメージし、それぞれの手足が温まるのを感じ取る。

④心臓が静かに脈打つイメージをする。「心臓が静かに脈打っている」と唱えながら、心臓の鼓動を意識する。

⑤呼吸に意識を向ける。静かに呼吸をし、静かに呼吸しているイメージをする。

⑥腹部に意識を向ける。「腹部が温かい」と心の中で唱え、腹部が温かくなってくるのを感じる。

⑦前頭部に意識を向ける。「額が涼しい」と心の中で唱え、額の涼しさを感じ取る。

⑧暗示を消去し、心地よく目覚めるイメージをつくり、ゆっくり伸びをして目を開ける。

## ❼ 系統的脱感作法

系統的脱感作法は、自律神経失調症をゆっくりと抑える方法として開発されている。不安や恐怖が強い場合に、行動を階層別に分けて対応をイメージする。

緊張して人前で発表できない子どもでも、どのような状況で発表するかによって、不安度が変わってくる。いちばんきついのが、「大勢の前で個人発表すること」だとすれば、それを一〇点とする。「大勢の前でグループ発表すること」を八点、「教室で個人発表すること」を六点、「グループの中で個人発表すること」を四点、「仲よしの友達に話をすること」を一点などと設定する。

このように緊張する状況や緊張度を細かく分類しながら一点まで分ける。今度は、上記の表の最も低い点数のイメージを五秒ほど思い浮かべる。リラックスしてからイメージを浮かべる作業を繰り返していると、徐々に不安の度合いが低くなっていく。次に点数の高いものをイメージする。このように段階を上げてチャレンジしていき、イメージ上では大丈夫になったら、今度は現実でいちばん点数の低いものから実際に試していく。

あせらずリラックスしながら段階的に進め、不安を解消し、ストレスに耐える力を身につける。

# 第6節 イメージ法を活用する――心身のポテンシャルを高める

人がもつイメージは行動に影響がある。よいイメージをもつための方法を二つ紹介する。

## ❶ イメージ法

人は肯定的なよいイメージをもつことができると、それを成功する可能性が格段に高まる。リラックスして目を軽く閉じ（または半開き）以下のことをゆっくりと想像してみる。

①「あなたがほんとうにしたいことは何ですか」と尋ねる。自分がめざしている夢や願望を自由にイメージしてみる。例：「英語を習得して、外国の人たちと仕事ができるようになりたい」

②「これを達成したとき、あなたはどこにいますか」と尋ねる。具体的な場所をイメージすると、現実味がわいてくる。例：「欧米を訪問して英語でコミュニケーションをとる」

③「あなたはだれといますか」と尋ねる。大事な人が自分の成功を一緒に喜んでくれることをイメージすることはうれしいことである。例：「世界中には、さまざまな友達がたくさんいる」

④以降も成功のイメージをふくらませて、より具体的に尋ねていく。例：「そこでどんなことをして

いますか」「その場で見えているものは何ですか」「どんな音が聞こえていますか」など。

このように目標があたかも実現したかのように考え、ありありと想像することができると、気持ちが自然と明るく前向きになる。すると、その目標に向けて努力しようとする意欲が高まり、実際に行動するようになるため、実現の可能性も高まっていく。

## ❷ アファーメーション

よいイメージを自分で自分に伝えるために、肯定的な言葉を語りかけるアファメーションも有効な自己教育である。有名なものに、フランスのクーエ（Emile. Coué）が開発した「私は日々あらゆる面で向上しつつある」と唱える自己暗示法がある。

自分に向かって「日々あらゆる面で向上している」と語り続け、潜在意識にも届くくらい自己暗示をかけ続けると、力がわいてくる。鏡に向かって「自分ならできる」「どんな問題でも解決できる」などと唱えると前向きな気持ちになり効果もある。

同様に、鏡に向かってガッツポーズをとることも有効である。カディ（Amy. Cuddy）が指摘するように、力強い前向きなパワーポーズをしながら、「やるぞ」「やった」「できる」と前向きな発言をし続けると気持ちが高まり、精神を奮い立たせることができる。

# おわりに

本書は、Ｓｏｃｉｅｔｙ５・０時代に子どもたちがよりよく生きる力を育めるように、どのように教育したらよいかについて考えた本である。時代はすでにＳｏｃｉｅｔｙ５・０という新たな局面に突入したわけだが、学校の指導法はなかなか変わらず、子どもたちの人格形成は混乱し、教育格差だけが広がっている感がある。こうした時代に改めて「人間中心」の教育や社会をめざして、本書では新旧の理論や効果的な指導法を取り上げた。

私は、かつて戦後の教育が管理教育と自由教育の間を振り子のように揺れ動いてきたが、一九八〇年代ごろから始まるポストモダン時代には、新保守主義と新自由主義のハイブリッド型である「自由管理教育」が確立してきたことを指摘した。また、グローバル化や情報化によって多重化する現実空間の中で自己を解離させ戯れつつ苦悩する子ども像を「マルチ・キッズ」と呼んだ。そうした子どもたちをいかに教育すべきかが、積み残された課題でもあった。その意味で、本書は十年前のＳｏｃｉｅｔｙ４・０や学校ｖｅｒ．２・０に対応した拙著『ポストモダンの自由管理教育―スキゾ・キッズからマルチ・キッズへ―』の続編という意味合いがある。

時代はあれから大きく進展し、文部科学省においてもこうしたハイブリット型の自由管理教育をSociety5・0時代に向けて再構成し、学校ver．3・0になり、今次の学習指導要領では指導法を果敢に質的転換させた。ただ、こうした大きな教育改革を断行すると学校現場からの反発（ハレーション）も大きいため、最近では昔ながらの指導法に揺り戻されてしまったところがある。本書では、社会の時代状況や教育の歴史的経緯を踏まえ、Society5・0時代に学校ver．3・0に向けた教育改革がなぜ必要になるのか、どう指導すれば効果的か、というところまで具体的に提示したつもりである。

ところで、私は本来、教育哲学の理論研究を専門としているが、今回こうした新しい時代の教育について執筆したのは、故・國分康孝先生との出会い（エンカウンター）があったからである。國分先生は早くから、わが国の学校現場が知育に偏っており、徳育は心情主義に流されているため、サイコエデュケーションを軸にして子どもの思考と感情と行動をバランスよく指導するべきだと提唱されていた。そうした國分先生が私に声をかけてくださり、「君は俺と同じで、教育哲学からカウンセリングにきている。君みたいなのが現代のサイコエデュケーションを打ち立ててほしい」とおっしゃられたのである。

私も今日のSociety5・0が「人間中心の超スマート社会」といわれながらも、そこではＥｄＴｅｃｈのような最新の教育だけが華々しく語られる一方、人間性へのまなざしが乏しく、学力・体力の低下や人間疎外が進んでしまいかねない状況にあると思えた。こうしたサイバー化する社会で多重化した意識をもつ子どもたちの苦悩や課題を理解し、アイデンティティの統一や人格の完成に寄与する指導法を確立する必要があると考えた。

道徳の教科化が議論された二〇一六年以降は、私も文部科学省の中央教育審議会や専門家会議に委員として参加して、認知的側面、情意的側面、行動的側面をバランスよく指導する問題解決型の道徳授業のあり方を提言してきた。こうしたなか、文部科学省の方々と意見交流するなかで、Ｓｏｃｉｅｔｙ５・０時代に人間中心の教育を行うためには、知育・徳育・体育をつなぐ理論的ベースとなるサイコエデュケーションの見地がきわめて肝要であると確信するにいたった。

こうしたサイコエデュケーションの重要性については、私もこれまで講演会や講習会（教育カウンセラー講習や教員免許状更新講習など）で話す機会はあったものの、それらをきちんと理論化して実践例とセットで体系立てて提示するのは、本書が初めてとなる。

最後に、本書の刊行でも多くの皆様にお世話になった。

構想や草稿の段階において、文部科学省初等中等教育局財務課長の合田哲雄様、および国立教育政策研究所総括研究官の西野真由美様には貴重なご意見やご助言、励ましの言葉をいただいた。茲に特記して深謝を申し上げたい。

また、刊行に当たってご高配を賜った図書文化社の福富泉社長をはじめ、関係者諸氏に心より深謝を申し上げたい。特に、今回も編集をご担当いただいた渡辺佐恵さん、フリー編集者の辻由紀子さんには、企画の段階から内容の構成や指導法の吟味にいたるまで、実に多くの有益な情報や助言とあたたかい励ましをいただいた。おかげで本書は当初の構想をはるかに超える斬新な内容となり、サイコエデュケーションの可能性を大幅に拡張することにつながったのではないかと感じている。ここに改めて皆々様のご尽力に心より感謝を申し上げたい。

本書がこれからの時代に生きる子どもたちの資質・能力を輝かせ、だれもが幸福で充実した人生を送られるように教育することにいくらかでも寄与できたら幸甚に思う。

二〇二〇年三月吉日

柳沼良太

## ■おもな引用・参考文献

### 第Ⅰ部

日立東大ラボ編『Society5・0―人間中心の超スマート社会』、日本経済新聞出版社、二〇一八年
樋口進『ネット依存・ゲーム依存がよくわかる本』、講談社、二〇一八年
藤原和博『10年後、君に仕事はあるのか?』、ダイヤモンド社、二〇一七年
柳沼良太『ポストモダンの自由管理教育―スキゾ・キッズからマルチ・キッズへ』、春風社、二〇一〇年
新井紀子『AI vs. 教科書が読めない子どもたち』、東京経済新報社、二〇一八年
柳沼良太『「生きる力」を育む道徳教育』、慶應義塾大学出版会、二〇一二年
WHO編、川畑徹朗、高石昌弘他訳『WHOライフスキル教育プログラム』、大修館書店、一九九七年
リンダ・グラットン、アンドリュー・スコット著、池村千秋訳『LIFE SHIFT』、東洋経済新報社、二〇一六年
合田哲雄『学習指導要領の読み方・活かし方』、教育開発研究所、二〇一九年
赤堀侃司『AI時代を生きる子どもたちの資質・能力』、ジャムハウス、二〇一九年
中村一彰『AI時代に輝く子ども』、CCCメディアハウス、二〇一八年
西川純『個別最適化の教育』、学陽書房、二〇一九年
アルフレッド・アドラー著、岸見一郎訳『人生の意味の心理学』、アルテ、二〇一〇年
國分康孝監修『実践 サイコエジュケーション』、図書文化社、一九九九年
J・モンテリオン著、加藤和生訳『児童虐待の発見と防止』、慶應義塾大学出版会、二〇〇三年
M・J・イライアス他著、小泉令三訳『社会性と感情の教育』、北大路書房、二〇〇〇年
アンドレアス・シュライヒャー著、鈴木寛、秋田喜代美監訳『教育のワールドクラス』、明石書店、二〇一九年
ケン・ロビンソン、ルー・アロニカ著、宮吉敦子訳『才能を磨く』、大和書房、二〇一四年
田坂広志『能力を磨く』、日本実業出版社、二〇一九年

## 第Ⅱ部

アブラハム・マズロー著、小口忠彦監訳『人間性の心理学』、産業大学出版部、一九八七年
ボーク重子『「非認知能力」の育て方』、小学館、二〇一八年
アンジェラ・ダックワース『やり抜く力』、ダイヤモンド社、二〇一六年
柳沼良太『子どもが考え、議論する問題解決型の道徳授業事例集 小学校』、図書文化社、二〇一六年
アルバート・エリス、R．Aハーパー著、國分康孝訳『論理療法』、川島書店、一九八一年
日本教育カウンセラー協会編『教育カウンセラー標準テキスト』、図書文化社、二〇〇四年
松村亜里『世界に通用する子どもの育て方』、WAVE出版、二〇一九年
キャロル・S・ドュエック著、今西康子訳『マインドセット「やればできる！」の研究』、草思社、二〇一六年
ダニエル・ピンク著、大前研一訳『モチベーション3・0』、講談社、二〇一五年
ロバート・スティーブン・カプラン著、福井久美子訳『ハーバードの自分を知る技術』、CCCメディアハウス、二〇一四年
エドワード・L・デシ、リチャード・フラスト、桜井茂男訳『人を伸ばす力』、新曜社、一九九九年
ソニア・リュボミアスキー著、金井真弓訳『幸せがずっと続く12の行動習慣』、日本実業出版社、二〇一二年
増田健太郎監修、小川康弘著『教師・SCのための心理教育素材集』、遠見書房、二〇一五年
チャディー・メン・タン著、柴田裕之訳『サーチ・インサイド・ユアセルフ』、英治出版、二〇一六年
久世浩司『「レジリエンス」の鍛え方』、実業之日本社、二〇一四年
スティーヴン・マーフィ重松、酒井純子訳『スタンフォード大学マインドフルネス教室』、講談社、二〇一六年
エイミー・カディ著、石垣賀子訳『パワーポーズが最高の自分を創る』、早川書房、二〇一六年

著者紹介

## 柳沼良太（やぎぬま・りょうた）

早稲田大学大学院文学研究科博士後期課程修了，博士（文学）。早稲田大学文学部助手，山形短期大学専任講師を経て，現在，東海国立大学機構岐阜大学大学院教育学研究科教授，兵庫教育大学大学院連合学校教育学研究科教授。中央教育審議会道徳教育専門部会委員，学習指導要領解説「特別の教科 道徳」作成協力者。小学生と中学生の子どもをもつ父親として，また国内外の学校を訪ね歩く研究者として，教育のあるべき姿を求めて日々，奮闘中！

著 書

『子どもが考え、議論する問題解決型の道徳授業事例集（小学校編，中学校編）』，『「現代的な課題」に取り組む道徳授業』，『道徳の理論と指導法』（以上、図書文化社），『プラグマティズムと教育』『ローティの教育論』（以上、八千代出版），『ポストモダンの自由管理教育』（春風社），『「問題解決的な学習」をつくるキー発問50』（明治図書），ほか多数。

# 学びと生き方を統合する
# Society5.0 の教育

2020 年 5 月 10 日　初版第 1 刷発行［検印省略］

著　　者　柳沼良太©
発 行 人　福富　泉
発 行 所　株式会社 図書文化社
〒 112-0012　東京都文京区大塚 1-4-15
TEL 03-3943-2511　FAX 03-3943-2519
http://www.toshobunka.co.jp/
振替　00160-7-67697
組　　版　株式会社 Sun Fuerza
印刷・製本　株式会社 Sun Fuerza
装　　幀　株式会社 オセロ



ISBN 978-4-8100-0747-3　C3037
乱丁・落丁本の場合はお取り替えいたします。
定価はカバーに表示してあります。